초급자를 위한
정보시스템 감리 실무
개정판

초급자를 위한 정보시스템 감리 실무 개정판

발행일   2025년 1월 24일

지은이   한필순
펴낸이   손형국
펴낸곳   (주)북랩

편집인   선일영   편집   김현아, 배진용, 김다빈, 김부경
디자인   이현수, 김민하, 임진형, 안유경, 최성경   제작   박기성, 구성우, 이창영, 배상진
마케팅   김회란, 박진관
출판등록   2004. 12. 1(제2012-000051호)
주소   서울특별시 금천구 가산디지털 1로 168, 우림라이온스밸리 B동 B111호, B113~115호
홈페이지   www.book.co.kr
전화번호   (02)2026-5777   팩스   (02)3159-9637

ISBN   979-11-7224-478-1 93300 (종이책)   979-11-7224-479-8 95300 (전자책)

(주)북랩 성공출판의 파트너
북랩 홈페이지와 패밀리 사이트에서 다양한 출판 솔루션을 만나 보세요!
홈페이지 book.co.kr   •   **블로그** blog.naver.com/essaybook   •   **출판문의** text@book.co.kr

작가 연락처 문의 ▶ ask.book.co.kr
작가 연락처는 개인정보이므로 북랩에서 알려드릴 수 없습니다.

현장에서 바로 적용 가능한 **감리 실무 노하우** 🔍

초급자를 위한

정보시스템 감리 실무

개정판

한필순 지음

🌊 북랩

개정판을 내면서

　이 책은 지난 2014년 6월에 초판을 발행했고, 그 이후에 정부의 감리 관련 제도가 몇 가지 바뀌어서 책의 내용을 보완하고 다시 출간하게 되었다.

　나는 2000년 초기부터 20여 년간 감리 업무를 수행하고 있는데, 공공 SI 사업을 대상으로 시작한 정보시스템 감리는 그 발전 과정에서 많은 논란이 있지만 공공 분야에 업무를 지원하는 정보시스템의 품질을 향상시키는 중요한 제도적 장치임을 부인할 수 없을 정도로 많은 역할을 하고 있다고 확신한다.

　이 책의 내용은 주로 초급자를 위한 것이다. 감리원 자격 취득을 위해서 5일간 감리협회에서 제공하는 감리 기본 교육 이외에 감리 현장에 익숙지 못한 감리원의 경우 별도의 교육 기회가 없으면, 부득이 감리 현장에서 선배의 어깨너머로 감리 방법을 배우게 되는데, 대부분 5일 동안 감리를 하는 현장에서는 모두 너무 바쁘기 때문에 제대로 된 감리 교육을 하기에는 턱없이 부족하다.

그래서 이 책은 감리를 체계적이고 효과적으로 수행하고자 하는 분들을 위해서 실무 위주로 구성했다.

초반은 정보시스템 감리 개요, 중반은 단계 감리 절차와 감리 방법에 대해서 구성했고, 끝부분은 5일짜리 감리 수행 방법과 감리 영역별 감리 방법 그리고 감리원의 자질과 소양에 대해서 기술했다.

이 책을 통해 정보시스템 감리의 기본 개념부터 실무적인 노하우까지 상세히 다루고자 노력했다. 특히 현장에서 실제 적용할 수 있는 실무 사례와 체크리스트를 포함하여, 초급 감리원들이 직면할 수 있는 다양한 상황에 대처할 수 있는 지침을 제공하고자 했다.

이 책이 정보시스템 감리 실무를 수행하는 초급 감리원들에게 실질적인 도움이 되기를 바란다. 또한 발주기관의 담당자와 개발자에게도 감리 제도에 대한 이해를 높이는 데 기여할 수 있기를 바란다.

그리고 이번 개정판 편집을 위해서 도움을 주신 ㈜한국IT컨설팅의 기우일 위원님, 김관수 위원님, ㈜테크원의 이성찬 위원님께 감사의 말씀을 전한다. 더욱이 이 책 출간을 위해서 내가 일하고 있는 ㈜테크원에 김영호 대표님께서 물심양면으로 모든 지원을 해 주신 덕택에 출간을 하게 되어서 특별히 감사의 말씀을 드린다.

목차

01.

정보시스템 감리 개요

정보시스템 감리 배경

전자정부법에 따르면 "정보시스템 감리란 감리발주자 및 피감리인의 이해관계로부터 독립된 자가 정보시스템의 효율성을 향상시키고 안전성을 확보하기 위하여 제3자의 관점에서 정보시스템의 구축 및 운영 등에 관한 사항을 종합적으로 점검하고 문제점을 개선하도록 하는 것을 말한다."라고 정의하고 있다.

이러한 정보시스템 감리 제도는 2000년 초부터 한국전산원(현 한국지능정보사회진흥원)에 의해서 시작되었고, 현재는 약 80여 개의 감리법인에 1,500여 명의 감리원이 활동 중에 있다.(출처: 감리법인 등록현황, 2023.10., 정보시스템감리협회)

초기에는 국방 분야와 중요한 정보시스템만 대상으로 감리를 했으나, 지금은 특별한 경우를 제외하고 대부분의 공공분야 정보시스템 구축에 감리를 적용하고 있다.

정보시스템 품질 특성과 감리에 대한 이해

 소프트웨어 품질의 주요 특성에 대해서 ISO/IEC 25010 표준에서는 다음과 같이 정의하였다.

- **기능성(Functionality)**
  - 소프트웨어가 요구 사항을 정확하게 충족하는 정도
  - 정확성, 보안성, 상호운용성 등이 포함됨
- **신뢰성(Reliability)**
  - 지정된 조건에서 얼마나 안정적으로 동작하는지
  - 성숙성, 결함허용성, 복구성 등이 해당
- **사용성(Usability)**
  - 사용자가 얼마나 쉽게 이해하고 사용할 수 있는지
  - 학습성, 운용성, 사용자 오류 방지 등이 포함
- **효율성(Efficiency)**
  - 자원을 얼마나 효율적으로 사용하는지
  - 시간 효율성, 자원 효율성 등이 해당
- **유지보수성(Maintainability)**
  - 변경이나 개선이 얼마나 용이한지
  - 분석성, 변경성, 시험성 등이 포함

 상기와 같이 국제 표준에는 여러 가지로 소프트웨어 품질 특성을 정의했고, 한국도 이러한 품질 특성을 충족하도록 감리 기준, 즉 정보시스템의 품질 평가 기준을 정보시스템 감리수행가이드 (NIA)에 "소프트웨어 요구사항 품질 매트릭"을 통해서 제공하고 있다.

하지만 소프트웨어 분야에 품질 관리는 건설이나 자동차와 같이 타 기술이나 제품에 비해서 다른 어려움이 있다.

■ **복잡성 관리**
 - 소프트웨어 규모가 커질수록 복잡도가 기하급수적으로 증가
 - 다양한 구성 요소 간의 상호 작용을 모두 파악하고 테스트 하기 어려움

■ **요구 사항 변경 관리**
 - 개발 중에도 요구 사항이 지속적으로 변경됨
 - 변경된 요구 사항이 기존 기능에 미치는 영향을 분석하기 어려움

■ **품질 측정의 어려움**
 - 품질 특성을 객관적으로 측정하기 어려움
 - 품질 기준이 프로젝트마다 다르게 적용될 수 있음

■ **시간과 비용의 제약**
 - 충분한 품질 관리를 위한 시간과 자원 확보가 어려움
 - 빠른 출시 압박과 품질 보증 사이의 균형 유지가 필요

■ 인적 요소 관리

- 개발자별로 코딩 스타일과 품질에 대한 인식 차이가 있음
- 품질 관리 프로세스를 일관되게 적용하기 어려움

소프트웨어 품질을 관리하기 위한 기준은 있지만 이를 확인하는 과정이 어려운 가장 큰 이유가 나 생각에는 불가시성(Invisibility, 不可視性)이라고 할 수 있다.

즉, 화면과 같이 눈에 보이는 부분보다는 소스코드 등과 같이 눈에 보이지 않는 부분이 더 많고, 설혹 소스코드를 눈으로 확인한다고 해도 이것을 기계어로 컴파일하는 과정에서 오류가 발생할 수도 있다는 것이다. 게다가 소스코드뿐만 아니라 데이터와의 상관관계도 품질에 영향을 미친다.

그래서 소프트웨어는 그 개발 과정에 대한 관리와 개발이 완료된 상태에서 실험하는 것으로 품질 확보를 가능하게 할 수 있는 것이다. 즉, 소프트웨어 품질 관리 대상은 문서와 모듈이다. 소프트웨어 개발에서 특히 의존도가 높은 문서는 개발 과정에 품질을 관리하는 것이고, 모듈은 완성된 프로그램의 형상(화면 등)에 대한 품질을 관리하는 것이다.

감리는 이러한 두 가지 품질 관리를 수행한다. 그래서 설계 단계까지는 문서 점검에 집중하고 구현(개발) 단계에서는 모듈 테스트에 시간을 할애하는 것이다. 이론적으로는 설계문서 품질에 이상이 없다면 당연히 모듈에도 이상이 없어야 하지만 설계문서를

기반으로 코딩을 하는 과정에서 오류가 생길 수도 있고, 데이터를 처리하는 과정에서 오류가 생길 수도 있다. 게다가 같은 설계서를 가지고 코딩을 하는 개발자의 특성에 따라서 서로 다른 소스코드가 만들어지기도 한다.

감리 대상 사업의 유형은 정보기술아키텍처 구축 사업, 정보화 전략계획 수립 사업, 시스템 개발 사업, 데이터베이스 구축 사업, 시스템 운영 사업 등으로 구분하고 있으나, 이 책에서는 가장 많은 유형의 사업인 시스템 개발 사업 중에 객체지향·컴포넌트 기반 개발 모델을 기반으로 하는 사업을 중심으로 다루었다. 최근 10여 년간 보편적으로 사용하는 개발 모델이기 때문이다.

초급자를 위한 정보시스템 감리 실무 개정판

단계 감리 절차와 감리 초점

감리는 개발 절차에 따라서 일반적으로 3가지의 단계 감리로 구성하고 있고, 단계 감리는 정기 감리라고도 하며, 요구정의 단계, 설계 단계, 종료 단계로 나누어서 감리를 수행한다.

각 단계 감리는 예비 조사 → 현장 감리 → 시정조치확인의 순으로 동일한 절차와 방법으로 진행한다.

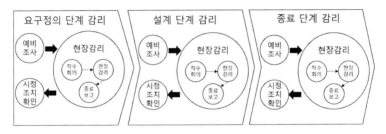

[그림 1] 단계 감리 수행 절차도

각각의 단계 감리에서 진행하는 3가지 활동은 그 결과에 따라서 계획서 혹은 보고서를 작성한다.

01. 정보시스템 감리 개요

<표 1> 단계 감리 활동별 주요 내용

활동	주요 내용	보고서	비고
예비조사	발주자 및 개발 사업자와 협의하여 예비 조사 일정을 협의 후 실행 •감리 일정 확정 •감리 방법 확정 •감리원 배치 확정	감리계획서	총괄감리원
현장 감리	감리 계획에 따라서 현장에서 감리 실행	감리 결과 보고서	전체 감리원
시정 조치	감리 결과에 제시한 개선 방향에 대한 조치 여부 확인	시정조치확인 보고서	전체 감리원

초급자를 위한 정보시스템 감리 실무 개정판

📖 예비조사와 점검 항목

각 현장 감리 전에 수행하는 예비조사 과정에서 작성하는 감리 계획서의 핵심은 점검 항목과 검토 항목이다. 점검 항목은 NIA에서 제공하고 있는 "정보시스템 감리 점검가이드"를 참고해서 작성하되 감리 대상 사업의 특성과 감리 단계에 맞는 점검 항목을 추가로 도출한다.

감리계획서는 주로 총괄감리원이 작성하지만 각 감리원도 해당 감리 영역에 맞는 점검 항목을 제공한다. 특히 요구정의 단계에 점검은 TTA 소프트웨어 요구 사항 품질 평가 항목을 참고할 수 있다.

<표 2> TTA 소프트웨어 요구 사항 품질 특성 표

품질 특성	주요 점검 내용
완전성 (Completeness)	요구 사항 명세서상에 식별된 요구 사항 중 사용자가 제시한 요구 사항에서 누락된 기능 요구 사항이 존재하는지 여부
정확성 (Correctness)	요구 사항 명세서상에 식별된 요구 사항 중 논리적으로 정확하게 기술한 명세의 작성 비율
명확성 (Unambiguousness)	요구 사항 산출물에 기술한 용어가 이해당사자들에게 모호하지 않고 명확하게 의미 전달되는지 여부
일관성 (Consistency)	요구 사항 명세서의 식별된 요구 사항 항목 및 요구 사항명세서와 관련된 산출물 항목의 연관 및 종속관계가 있는 항목 간에 불일치가 존재하는지 여부
특이성 (Peculiarity)	요구 사항 명세서 내에 중요도, 난이도 및 변경 가능성(옵션 여부)을 표기하였는지 여부
검증 가능성 (Verifiability)	요구 사항 명세서상에 명세에 대한 검증 기준 및 방법을 제시하였는지 여부
수정 용이성 (Modifiability)	요구 사항 명세 항목이 쉽게 식별되고 원하는 수정이 용이하게 반영되며 수정에 대한 영향도 분석이 용이하게 이루어지는지 여부
추적성 (Traceability)	요구 사항 명세서의 식별된 요구 사항 항목 및 요구 사항 명세서와 관련된 산출물 항목의 연관 및 종속관계가 있는 항목 간에 추적 관계를 식별하였는지 여부
이해 가능성 (Understandability)	요구 사항 산출물에 기술한 문장이 표준 형식을 따르며 적절한 문법을 따르고 있으며 다중 문장을 배제하여 용이하게 이해 가능한지 여부

〈표 1〉 TTA 소프트웨어 요구 사항 품질 특성 중에 가장 중요한 것이 추적성이다. 사용자의 초기 요구 사항에 대해서 설계-구현 단계를 거치면서 변화 과정과 충족도를 가늠할 수 있기 때문이다.

　이 책에 제시한 점검 항목은 NIA의 감리 점검 가이드를 기준으로 내가 감리 현장에서 필요한 사항들을 보완한 것들이다. 각 단계감리에서 일부 사례를 제시했고 별첨 부록으로 그 전체를 제시했다.

📖 각 단계 감리 보고서 구성

요구정의, 설계, 종료 단계 감리 결과에 따른 감리 결과 보고서는 단계에 따라서 그 범위와 복잡도가 증가하므로 보고서의 내용도 이에 따라 양과 질이 많아지고 높아진다.

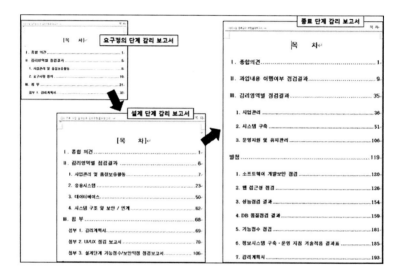

[그림 2] 각 단계감리 결과 보고서 구성

각 보고서에 별첨의 감리 대상 사업의 유형과 내용에 따라서 차이가 있으나, 감리계획서는 공통으로 기술을 하며 종료보고서에는 정보시스템 구축 운영 지침 기술 적용결과표 점검 결과를 제시한다.

02.

요구정의 단계 감리 방법과
보고서 작성

요구정의 단계 감리는 첫 번째 단계 감리로서, 예비 조사를 바탕으로 현장 감리와 시정조치 확인을 실행한다.

📖 요구정의 단계 현장 감리

요구정의 단계 현장 감리는 프로젝트 초기에 진행되는 감리로, 프로젝트의 성공적인 수행을 위한 기반을 다지는 중요한 단계이다. 이 단계에서는 계약 문서에 명시된 과업 내용이 요구사항정의서에 정확하게 반영되었는지를 점검하는 것이 주된 목적이다.

요구정의 단계는 각 개발 사업마다 그 상황이 다르지만, 통상적으로 분석 단계 말에 실행한다. 그 이전에는 품질 검토 해야 할 산출물이 없거나 부족하기 때문이다.

점검 방법은 NIA에서 제공하고 있는 "정보시스템 감리 점검가이드" 등을 참고해서 작성한 감리계획서에 점검 항목을 기준으로 품질 검토를 진행한다.

요구정의 단계 감리 착수 회의

요구정의 단계 감리 착수 회의는 감리 프로젝트의 시작을 처음

알리는 중요한 자리이다. 이 회의를 통해 감리 참여자들은 프로젝트의 목표, 범위, 일정, 역할 및 책임 등을 명확히 하고, 성공적인 감리 수행을 위한 기반을 공유한다. 착수 회의 주요 논의 내용은 프로젝트 개요(프로젝트 목표 및 배경, 시스템 개요 및 주요 기능, 프로젝트 일정 및 마일스톤, 예산 및 자원 계획)를 개발 수행사측 PM이 발표하고, 감리 목표 및 범위(감리 대상 시스템 및 범위, 감리 기간 및 횟수, 감리 방법론 및 절차, 감리 결과물) 등을 총괄감리원이 발표한다.

요구정의 단계 감리 대상 산출물과 감리 점검 항목

요구정의 단계 감리는 주로 분석 단계 말에 실행한다. 그래서 감리 대상 산출물은 다양하지 않기 때문에 사업 초기에 사업관리 체계가 적정한지 여부와 사용자의 요구 사항을 충분하게 분석했고, 이에 대한 추적 관리가 체계적인지 여부를 검토하는 것이 중요하다.

각 단계 감리에서 필요한 점검 항목은 각 단계 감리에서 일부 사례를 제시했고, 별첨 부록으로 그 전체를 제시했다.

감리 시점	점검 항목	검토 항목	비고
착수/계획	1. 범위관리체계를 적정하게 수립하여 관리하고 있는지 여부	1. 사업수행계획서가 계약 관련 자료와 일관성을 유지하고 있으며, 변경 사항에 대해 고객과 합의되었는가? - 제안요청서(RFP)/제안서/계약서와 사업수행계획서 간의 일관성, 과업 범위 누락 여부 - 변경 내역에 대한 공식적인 합의	
	2. 변경관리체계를 적정하게 수립하여 관리하고 있는지 여부	1. 변경관리를 위한 절차가 정립되었는가? - 파급 효과 분석(일정, 비용, 자원, 품질 등) - 변경 이력 관리 절차	
	3. 일정관리체계를 적정하게 수립하여 관리하고 있는지 여부	1. 일정 계획이 실행 및 관리 가능한 수준으로 수립되었는가? - 필요한 활동의 누락 여부 및 투입된 정보 자원에 대비하여 활동별 시작/완료 일정의 실행 가능성 - 주요 활동 간의 의존관계 반영 2. 사업 수행에 필요한 조직 및 인력이 적정하게 투입되고, 역할이 명확히 정의되었는가? - 사업 수행에 필요한 기술력/경험 파악 및 투입된 인력의 적정성 여부	

<표 4> 응용 시스템 부문 점검 항목과 검토 항목(일부)

감리 시점	점검 항목	검토 항목	비고
분석	1. 현행 업무를 충분히 분석하였는지 여부	1. 현행 업무의 분석이 적절하게 이루어졌는가? - 업무 절차 흐름(입력, 처리, 출력 등 정의) - 예외 처리 현황	
	2. 현행 시스템의 업무 및 기능을 충분히 분석하였는지 여부	1. 현재 운영 중인 시스템에서 제공되고 있는 업무 및 기능에 대한 분석이 적절하게 이루어졌는가? - 업무 영역, 업무 기능, 사용자 그룹	
	3. 사용자 요구사항 도출 및 분석의 충분성, 적정성	1. 사용자 요구 사항이 적절하게 도출되고 분석되었는가? - 요구 사항 도출 방법 및 절차 - 이해관계자의 참여 및 확인	
	4. 프로세스, 이벤트 모델링 및 기능 도출의 충분성, 적정성	1. 요구 사항을 기반으로 한 응용 시스템의 모델링이 적정한가? - 이벤트 모델링의 적정성 - 프로세스 모델링의 적정성	
	5. 사용자 접근통제 및 보안 분석을 적정하게 수행하였는지 여부	1. 사용자 접근 통제 및 보안에 대한 분석이 수행되었는가? - 보안 요구 사항 분석의 적정성 - 사용자별/그룹별 접근 권한, 감사 기능 - 사용자 인증 방법 및 절차	

감리 시점	점검 항목	검토 항목	비고
분석	1. 현행 업무 관련 데이터를 충분히 식별하였는지 여부	1. 현행 업무와 관련된 데이터가 식별되었는가? - 업무 처리를 위한 입력데이터, 출력데이터	
	2. 현행 시스템의 데이터 현황을 충분히 분석하였는지 여부	1. 현재 운영 중인 시스템의 데이터 현황 분석이 적절하게 이루어졌는가? - 시스템별 데이터베이스 구조, 분산, 백업 현황	
	3. 사용자 요구 사항 도출 및 분석의 충분성, 적정성	1. 데이터베이스에 대한 사용자 요구 사항이 도출되고 분석되었는가? - 저장 데이터 볼륨, 분산 구조, 제약 조건 - 타 시스템과의 연계 데이터	

<표 6> 시스템 구조 및 보안 부문 점검 항목과 검토 항목(일부)

감리 시점	점검 항목	검토 항목	비고
분석	1. 현행 및 신규 시스템의 운영 환경을 충분히 분석하였는지 여부	1. 현행 시스템 및 신규 시스템에 대한 운영 환경이 충분히 분석되었는가? - 현행 및 신규 시스템 운영 환경	
	2. 시스템 관련 사용자 요구 사항 도출 및 분석의 충분성, 적정성	1. 시스템의 구성 및 아키텍처 등에 대한 사용자 요구 사항이 충분히 도출되고 명세화되었는가? - 시스템 성능	
	3. 시스템 보안 요건을 분석하였는지 여부	1. 시스템 보안 요건이 분석되었는가? - 보안 정책 - 위협 및 취약성 분석	

■ 계약 문서 검토

제안요청서, 제안서, 기술협상서, 과업지시서 등 계약 관련 모든 문서를 꼼꼼하게 검토하여 과업 내용을 명확히 파악한다.

■ 요구사항정의서 검토

사업자가 제출한 요구사항정의서를 계약문서와 비교하여 모든 요구 사항이 정확하게 반영되었는지 확인한다.

요구 사항의 완전성, 일관성, 명확성, 검증 가능성 등을 평가한다.

■ 대비표 검토

계약문서와 요구사항정의서의 내용을 비교하여 작성된 대비표를 확인하고, 각 항목별로 일치 여부를 확인한다. 대비표는 과업 대비표와 요구사항추적표 등이 있으며 이 문서는 설계 단계에서 작성해야 할 검사기준서에 기초가 되는 문서이므로 반드시 확인해야만 한다.

■ 관계자 인터뷰

개발사업자, 필요시 발주자 등 관련자들과 인터뷰를 진행하여 요구 사항에 대한 이해도를 높이고, 추가적인 요구 사항이 있는지 확인한다.

감리보고서는 단계감리에 따라서 다르다. 요구정의와 설계 단계 감리 보고서는 같지만 종료 단계 감리보고서의 목차가 다르다.

02. 요구정의 단계 감리 방법과 보고서 작성

<표 7> 감리보고서(요구정의, 설계) 제목과 작성 주체

대제목	중제목	소제목	작성 주체
I. 종합 의견	1. 전제 조건 2. 총평 3. 감리 영역별 상세점검 결과 요약		감리총괄
II. 감리 영역별 점검 결과	1. 사업관리 및 품질보증활동	가. 점검항목별 점검 결과 나. 상세 점검 결과	개별 감리원
	2. 응용 시스템	가. 점검항목별 점검 결과 나. 상세 점검 결과	개별 감리원
	3. 데이터베이스	가. 점검항목별 점검 결과 나. 상세 점검 결과	개별 감리원
	4. 시스템 구조 및 보안	가. 점검항목별 점검 결과 나. 상세 점검 결과	개별 감리원
III. 첨부	첨부1. 감리계획서 첨부2. 기술적용계획표		감리총괄

요구정의와 설계 단계 감리보고서에 비해서 종료 단계 감리보고서는 과업이행여부 점검을 해야 한다.

초급자를 위한 정보시스템 감리 실무 개정판

<표 8> 감리보고서(종료 단계)

대제목	중제목	소제목
I. 종합 의견	과업이행여부 점검 결과 요약 감리 영역별 점검 결과 요약	
II. 과업이행 여부 점검 결과	1. 점검 현황	가. 과업이행여부 점검 대상 및 표 　　본 추출 나. 과업 유형에 따른 테스트 방법
	2. 점검 결과	
	3. 세부 점검 내역	가. 사업관리 및 품질보증 활동 나. 응용 시스템 다. 데이터베이스 시스템 구조 및 보안
	4. 시스템 구조 및 보안	가. 점검항목별 점검 결과 나. 상세 점검 결과
III. 감리 영역별 점검 결과	1. 사업관리 및 품질보증 　활동	가. 점검항목별 점검 결과 나. 상세 점검 결과
	2. 응용 시스템	가. 점검항목별 점검 결과 나. 상세 점검 결과
	3. 데이터베이스	가. 점검항목별 점검 결과 나. 상세 점검 결과
	4. 시스템 구조 및 보안	가. 점검항목별 점검 결과 나. 상세 점검 결과
IV. 첨부	첨부1. 감리계획서	
	첨부2. 기술적용계획표	

📖 요구정의 단계 감리 결과 보고서 작성

감리 활동이 끝나면 감리보고서 작성을 한다. 3가지 단계 감리 보고서는 요구정의와 설계 단계 감리는 구조가 같지만, 종료 단계 감리는 과업이행여부가 추가된다.

각 감리원은 현장 감리 기간 중 사업자가 제출한 각종 산출물에 대한 검토 및 분석, 구축된 시스템에 대한 시험, 발주자와 사업자의 면담 등을 통해 발견된 문제점과 이를 개선하기 위한 개선 방향을 보고서 초안으로 작성한다. 보고서 초안은 개별 감리원이 맡은 점검 항목에 대한 점검 결과를 각자 작성한 것이다. 각 감리원별로 작성된 보고서 초안에 대해 각 감리원별로 해당 점검 항목과 관련된 담당자(발주자, 사업자)와 작성된 보고서 초안의 내용 중 사실 관계를 오인한 부분, 문제점을 잘못 파악한 부분, 실현 가능성이 낮은 개선 방향 등에 대해 상호 검토하고 수정 및 보완한다.(출처: 정보시스템 감리 수행 가이드, 2022.02, NIA)

Ⅰ. 종합 의견

종합 의견은 감리 전제 조건과 총평 그리고 감리 영역별 상세점검 결과를 요약하는 내용으로 구성하며, 총괄감리원이 각 영역별 담당 감리원의 감리 의견을 수렴해서 작성한다.

■ 전제 조건

정보시스템 감리보고서에서 전제 조건은 감리 수행 과정에서 발생할 수 있는 제약 사항이나 가정들을 명확히 밝혀 놓는 것을 의미한다. 즉, 감리 결과의 신뢰도를 높이고, 보고서를 해석하는 데 있어 오해를 방지하기 위한 필수적인 요소이다.

---

1. 전제조건

본 감리수행결과보고서는 감리기간 중 수정, 보완된 사항은 반영하지 않았음.

감리착수 전에 요구정의 단계가 도래하지 않은 00시스템은 반영하지 않았음

[그림 3] 전제 조건 제시 사례

■ 총평

정보시스템 감리보고서 총평은 감리 전체 과정에서 도출된 결과를 종합하여 시스템의 전반적인 상태와 개선 방향을 제시하는 부분이다. 즉, 보고서의 결론이자 핵심 메시지를 담고 있는 가장 중요한 부분이라고 할 수 있다.

---

2. 총평

본 감리 결과, 시스템의 기본적인 기능은 정상적으로 작동하고 있으며, 보안 체계도 비교적 잘 구축되어 있습니다. 다만, 일부 시스템 성능 저하 현상과 백업 시스템의 미흡함이 발견되었습니다. 따라서 시스템 성능 개선을 위한 하드웨어 업그레이드와 백업 시스템 강화를 위한 투자가 필요합니다. 장기적으로는 클라우드 기반으로의 시스템 전환을 검토하여 시스템 운영 효율성을 높일 수 있을 것으로 예상됩니다.

[그림 4] 총평 제시 사례

그리고 총평은 감리 결과 전체를 종합해서 제시하고 각 감리 영역별로도 제시한다. 영역별 총평은 각 감리 영역별 담당 감리원으로부터 받아서 총괄감리원이 작성한다.

감리결과, 각각의 감리영역별 감리 의견은 다음과 같습니다.

"사업관리 및 품질보증활동" 영역은 범위관리체계, 변경관리체계, 일정관리체계, 자원관리체계, 의사소통관리체계, 위험관리체계, 품질관리체계, 방법론 및 절차/표준, 총괄시험 계획의 적정성과 사용자 요구사항정의(요구사항목록 및 요구사항명세서)의 완전성 및 추적성 등을 주요 점검항목으로 점검하였습니다.

범위관리 측면에서 과업의 누락이 없도록 과업대비표와 요구사항목록 및 개별 요구사항의 세부 요건을 기록한 요구사항명세서의 보완이 요구됩니다.

또한, 요구사항정의서와 요구사항정의서 이전단계 산출물(RFP, 제안서, 사업수행계획서, 회의록 등)간의 연관 항목을 추적할 수 있도록 하고, 발주자의 승인이 필요합니다.

선행 사업으로 개발된 시스템의 활용률이 미흡하여 2단계 사업 요구사항 정의 단계에서 문제점을 분석하여 개발될 지역사업관리시스템(2단계)의 활용도를 높이기 위한 방안 마련이 필요하고 이를 요구사항정의서에 반영이 필요합니다.

[그림 5] 총평-감리 영역별 감리 의견(사업관리 및 품질보증활동 부문)

상기의 [그림 5] 총평-감리 영역별 감리 의견(사업관리 및 품질보증활동 부문)에서는 요구정의 단계 감리이기 때문에 요구 사항 정의와 관련된 사항만 대상으로 점검했고, 이에 대한 감리 의견을 제시한 것이다.

■ 감리 영역별 상세점검 결과 요약
감리 영역별 상세 점검 결과 요약은 감리 대상 정보시스템의 사업 유형, 규모, 특징 등을 고려하여 점검 기준 및 점검 항목을 선정하고, 감리 영역별(사업관리, 응용 시스템, 데이터베이스, 시스템 구조 및 보안 등) 점검 결과를 요약한 것이다. 구체적으로는 각 감리 영역별 점검 결과에 대해서 개선권고사항, 개선권고유형, 개선 시점, 중요도, 발주기관협조필요 유무 사항 등으로 구분하여 요약해서 기술한다.

<표 9> 감리 영역별 상세점검 결과 요약 표

	개선 권고 유형)	개선 시점)	중요 도[3]	발주 기관 협조 필요
(1) 과업 범위는 기능 구현 점검이 가능한 수준으로 체계적인 관리가 필요하며, 요구 사항에 대한 명확한 식별이 가능토록 세분화 및 추적성 확보가 요구됨.	필수	단기	○	
(2) 사업관리 시스템 요구사항 설명회에서 도출된 사항 중 요구사항정의서 반영 미흡 사항과 추적성 보완 및 개발 시스템의 활용도를 높이기 위한 방안 마련이 필요함.	필수	단기	□	
(3) 품질 보증 측면에서 요구사항정의 단계부터 연계 시스템과 테스트 계획 활동 강화가 필요함.	필수	단기	□	□
(4) 방법론 수립 및 일정 관리 체계의 적정성을 확보하기 위하여 테일러링내역서, 산출물정의서, WBS의 점검한 결과를 참조하여 보완이 필요함.	필수	단기	□	
(5) 사업관리 및 품질보증활동의 효율성을 위하여 품질관리체계, 위험관리체계, 의사소통관리체계, 자원관리체계 등의 보완이 요구됨.	필수	단기		

02. 요구정의 단계 감리 방법과 보고서 작성

■ 개선권고사항 작성

정보시스템 감리보고서의 개선권고사항은 감리 결과 발견된 문제점을 해결하고 시스템의 품질을 향상시키기 위한 핵심적인 내용에 제목이다. 개선권고사항 작성 시 다음과 같은 요령을 참고하여 효과적이고 명확하게 작성해야 한다.

■ 현황 설명은 배제하고 발견된 문제점 위주로 제시

작은 표 안에 짧은 문장으로 개선권고사항을 발주기관 담당자 및 개발사업자와 공유해야 하므로 문제점이 발견된 현황 설명을 포괄적으로 하는 것보다는 개선이 필요한 문제점 위주로 짤막하게 기술하는 것이 좋다.

---

1) 개선권고유형
   가. 필수: 발견된 문제점 중 사업 목표를 달성하기 위하여 반드시 개선해야 할 사항
   나. 협의: 발견된 문제점 또는 발생 가능성이 높은 문제점 중 발주자와 피감리인이 상호 협의를 거쳐 반영 여부를 결정할 수 있는 사항
   다. 권고: 감리의 대상범위를 벗어나지만 사업 목표 달성에 도움이 되는 사항
2) 개선 시점
   가. 장기: 장기적인 관점에서 지속적으로 개선해야 하는 사항
   나. 단기: 감리 대상 사업의 해당 구축 단계 종료 이전에 개선해야 하는 사항
3) 중요도
   가. 중요: 개선권고사항 중 대상 사업의 목표 달성에 영향을 미칠 수 있는 중대한 사항

<表 10> 개선권고사항 작성 사례 비교 표

나쁜 사례	좋은 사례
과업 범위 관리에서 일부 결함이 발견되어서 이에 대한 개선이 필요함	발주기관에서 제안요청서에 제시된 내용 중에 사용자관리 기능이 요구사항정의서에 누락되어 있어 이에 대한 개선이 필요함
계약문서에서 정한 과업 내용이 요구사항정의서에 적정하게 반영되어 있는지를 점검한 결과 ○○○의 문제점이 발견되므로 보완할 필요가 있음	요구사항정의서에 ○○○의 문제점이 발견됨

■ 문제점을 구체적으로 제시

개선권고사항은 지적 사항과 직접적인 관련이 있어야 한다. 지적 사항에서 발견된 문제점을 명확히 언급하고, 이를 개선하기 위한 구체적인 방향을 제시해야 한다.

예를 들어, "보안 시스템의 취약점 발견"과 같은 포괄적인 지적 사항 대신, "인증 절차에서 비밀번호 암호화가 적용되지 않아 해킹에 취약함"과 같이 구체적인 문제점을 명시해야 한다.

II. 감리 영역별 점검 결과

감리 영역별 점검 결과란, 정보시스템 감리를 수행하면서 각 감리 영역(사업관리, 응용 시스템 등)별로 점검한 결과를 의미한다. 즉, 각 영역에서 설정된 기준과 요구사항을 충족하는지 여부를 확인하고, 문제점과 개선 방향을 도출하여 감리보고서에 작성하는 것이다.

작성 방법은 감리 영역(사업관리 및 품질보증활동 등)별로 '가. 점검 항목별 점검 결과'와 '나. 상세 점검 결과'로 나누어서 작성한다.

가. 점검 항목별 점검 결과

각각의 감리 영역에 대한 점검 항목별 점검 결과는 첫 장에 점검 항목 대비 상세점검 결과 표로 작성한다. 점검 항목은 감리계획서에 있는 점검 항목을 좌측에 기술하고 우측에 상세점검 결과에 대해서 발견된 결함을 기술한 고유 식별번호를 기록한다. 그래서 상세 점검 결과를 모두 작성한 후에 그 식별번호를 점검 항목별 점검결과 표에 기록한다.

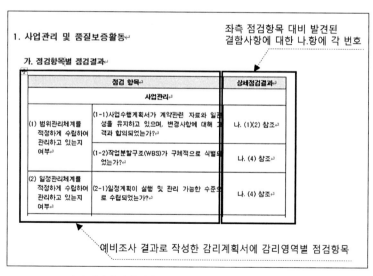

[그림 6] 감리 영역별 점검 결과 보고서 구성(사업관리 및 품질보증활동 부문)

[그림 6] 감리 영역별 점검 결과 보고서 구성(사업관리 및 품질보증 활동 부문)는 사업관리 및 품질보증활동 부문에 점검 항목별 점검 결과표이다. 여기서 점검 항목은 예비조사에서 작성한 감리계획 서에 기술한 감리 영역별 점검 항목이다. 만일 감리를 진행하는 과정에서 감리계획서 이외에 새로운 점검 항목의 추가가 필요한 경우에는 이곳 Ⅱ. 감리 영역별 점검 결과 표에 추가할 수 있다.

나. 상세점검 결과

상세점검 결과는 발견된 각각의 결함 사항을 1개의 문장으로 기술하고 개선권고유형과 개선 시점, 중요도를 표기한다. 이것은 앞서 <표 9> 감리 영역별 상세점검 결과 요약 표 하단에 제시한 바와 같으며 아래와 같이 다시 설명한다.

■ 개선권고유형

가. 필수: 발견된 문제점 중 사업 목표를 달성하기 위하여 반드시 개선해야 할 사항

나. 협의: 발견된 문제점 또는 발생 가능성이 높은 문제점 중 발주자와 피감리인이 상호 협의를 거쳐 반영 여부를 결정할 수 있는 사항

다. 권고: 감리의 대상 범위를 벗어나지만 사업 목표 달성에 도움이 되는 사항

02. 요구정의 단계 감리 방법과 보고서 작성

■ 개선 시점

가. 장기: 장기적인 관점에서 지속적으로 개선해야 하는 사항

나. 단기: 감리 대상 사업의 해당 구축 단계 종료 이전에 개선해
   야 하는 사항

■ 중요도

가. 중요: 개선권고사항 중 대상 사업의 목표 달성에 영향을 미
   칠 수 있는 중대한 사항

상세점검 결과는 각각의 감리 영역별로 작성하며 사업관리 및 품질보증활동, 응용 시스템, 데이터베이스, 시스템 구조 및 보안 순으로 작성하며, 응용 시스템의 경우 여러 개의 독립적인 시스템으로 구성된 경우 각각의 감리 영역으로 구분해서 점검한다.

상세점검 결과는 문제점(품질 결함)이 발견된 항목별로 작성하며, 제목, 현황 및 문제점, 개선 방향 순으로 작성한다. 항목에 식별번호는 앞서 작성한 [그림 6] 감리 영역별 점검 결과 보고서 구성(사업관리 및 품질보증활동 부문)에 상세점검 결과 난에 기입하는 식별번호이다.

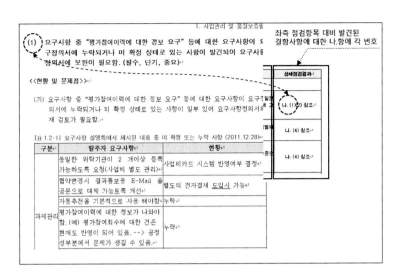

[그림 7] 요구정의 단계감리 상세점검 결과(사업관리 및 품질보증활동 부문) 일부

■ **명확하고 실현 가능한 권고:**

개선 방향은 누구나 이해할 수 있도록 명확하고 간결하게 작성해야 한다. 모호하거나 추상적인 표현은 피하고, 실제로 적용 가능한 구체적인 조치를 제시해야 한다.

예를 들어, "보안 강화"와 같은 추상적인 권고 대신, "비밀번호 암호화 알고리즘을 SHA-256 이상으로 변경"과 같이 구체적인 조치를 제시해야 한다.

현실적인 제약 조건(예산, 일정, 기술)을 고려하여 실현 가능한 권고를 해야 한다.

■ 발견된 문제점에 대한 근거 혹은 증적 제시:

권고 사항의 타당성을 높이기 위해 관련 법규, 지침, 표준, 가이드라인 등을 근거로 제시해야 한다.

예를 들어, "개인정보보호법 제29조에 따라 개인정보 암호화 조치 필요"와 같이 법적 근거를 명시할 수 있다.

발견된 문제점을 명확하게 공유하기 위해서 관련 산출물의 일부를 복사해서 보고서에 인용할 수 있다.

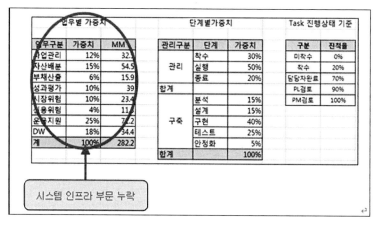

[그림 8] 문제점(결함)에 해당되는 증적 사례

■ 상세점검 항목의 구성

본 감리는 요구정의 단계 감리이므로 주로 발주자의 요구사항 관리에 집중해서 품질 점검을 한다. 점검 과정에서 발견된 문제점 (품질 결함)을 번호순으로 작성한다. 우선 상세점검 항목의 제목(일명 꼭지라고도 부른다)은 간단명료하면서 문제점 위주로 작성하는 것이 좋다. 2~3줄의 짧은 문장에서 군이 현황까지는 기술하지 않아도 좋다는 뜻이다.

아래 2가지 예를 보면 왜 현황 설명이 필요 없는지를 알 수 있다.

- 나쁜 사례: "과업 범위를 검토하기 위해서 제안요청서 등을 검토한 결과 기능구현 점검이 가능한 수준으로 체계적인 관리가 필요하며, 요구사항에 대한 명확한 식별이 가능토록 세분화 및 추적성 확보가 요구됨. (필수, 단기, 중요)"

→ 막연하고 광범위하게 문제점을 지적하고 있으며, 유사한 유형의 문제점이 발견된 경우, 비슷한 내용으로 중복된 내용으로 보일 것이고, 제목만 봐서는 무엇이 문제인지 식별하기 어려움

- 좋은 사례: "발주자의 요구 사항 중 "평가 참어 이력에 대한 정보 요구" 등에 대한 요구사항이 요구정의서에 누락되거나 미확정 상태로 있는 사항이 발견되어 요구사항정의서에 보완이 필요함. (필수, 단기, 중요)"

→ 무엇이 문제인지 명확하게 알 수 있고 이외에 다른 문제도 있음을 암시하고 있음

■ 현황 및 문제점 작성

상세점검 항목에서 발견된 문제점의 범위에 국한해서 점검한 산출물의 현황을 작성한다. 항상 현황을 먼저 작성하고 그 후에 문제점을 작성한다.

이때, 특별한 경우가 아니라면 현황 설명에 많은 내용을 기술할 필요는 없다. 점검 대상 산출물의 명칭과 내용상 발견된 결함에 대해서 2개~3개 정도 문장으로 작성하는 것이 좋다. 동일한 상세 점검 항목에 발견된 문제점이 여러 개인 경우 아래 그림 [그림 9] 현황 및 문제점 작성 사례(사업관리 부문)와 같이 목록 형태로 작성할 수 있다.

<<현황 및 문제점>>

(가) 요구사항 중 "평가참여이력에 대한 정보 요구" 등에 대한 요구사항이 요구정의서에 누락되거나 미 확정 상태로 있는 사항이 일부 있어 요구사항정의서의 재 검토가 필요함.

[표 1.2-1] 요구사항 설명회에서 제시된 내용 중 미 확정 또는 누락 사항

구분	발주자 요구사항	현황
과제관리	동일한 위탁기관이 2 개이상 등록 가능하도록 요청(사업비 별도 관리)	사업비카드 시스템 반영여부 결정
	협약변경시 결과통보용 E-Mail 을 공문으로 대체 가능토록 개선	별도의 전자결재 도입시 가능
	자동추천을 기본적으로 사용 해야함	누락
	평가참여이력에 대한 정보가 나와야 함. (예) 평가참여회수에 대한 건은 현재도 반영이 되어 있음. --> 공정성부분에서 문제가 생길 수 있음.	누락
	통계에서 항목을 선택하면 선택된 항목만 엑셀로 다운로드 될 수 있도록 처리함.	누락
	성과 입력을 잘하지 않고, 통제할 방법이 없다	요령에 반영

[그림 9] 현황 및 문제점 작성 사례(사업관리 부문)

초급자를 위한 정보시스템 감리 실무 개정판

감리원이 제시한 감리 대상 산출물에 현황과 문제점은 이와 관련된 증적(증거가 되는 흔적, Evidence)을 확보해서 보고서에 반영해야 한다. 이 증적은 검토 중인 감리대상 산출물산부터 발췌를 한다. 인터뷰 과정에서 밝혀진 결함 사항도 이와 관련된 산출물을 찾아서 증적으로 제시해야만 한다. 아래 [그림 10] 문제점과 관련 증적은 사업수행계획서에 기술된 제반 시설의 도입계획이 요구사항정의서에 기록되지 않고 있는 점에 대해서 문제점과 이와 관련된 증적으로 지적한 것이다.

(라) 사업수행계획서의 시스템 도입에 의하면 H/W, S/W의 도입 계획이 수립되어 있으나, 요구사항정의서에 반영되지 않아 이행 여부를 추후 관리하기 어려운 상태임. 사업수행계획서의 시스템 도입은 다음과 같음.

[그림 1.2-4] 사업수행계획서의 시스템 도입

10) 시스템 도입

구분	소분류	제품명	적용	수량	구축(납품)시기
H/W	EDMS서버	IBM POWER7 P770	전자문서	1식	2011.12
	검색서버	IBM POWER7 P770	통합검색	1식	2011.12
	PDF변환서버	IBM x 3650M3	전자문서	1식	2011.12
	스토리지	BMCCX630	전자문서	7TB	2011.12
S/W	EDMS 솔루션		전자문서	1식	분리발주
	OLAP 솔루션		성과관리	2식	분리발주
	PDF변환솔루션	PowerPDF WizardServer 7.0	전자문서	1식	2011.12
	DRM 솔루션	e-PageSafer	전자문서	1식	2011.12
	통합검색 솔루션	Mariner3	통합검색	1식	2012.02
	GPKI Toolkit	Secukit	전자문서	1식	2012.02
	리포트 툴	REXPERT Enterprise V3.0	성과관리	4Core	2011.12
	개발도구	IBSheet7	개발도구	1식	2011.12

* 분리발주 S/W는 도입 업체 선정 후 수행사항 관련하여 별도의 상호협약 계약을 체결

[그림 10] 문제점과 관련 증적

■ 개선 방향 작성

개선 방향은 앞서 지적한 문제점에 대해서 개선 방향을 제시하는 것이다. 따라서 각각의 문제점과 개선 방향을 일치시키는 것이 좋다. 즉, 현황과 문제점 그리고 개선 방향은 논리적으로 일관성이 있어야 한다는 뜻이다. 그렇게 하지 않으면 각 문장에 중복과 혼선이 생기게 된다. 현황에 문제점이 섞여 있거나, 문제점에 현황 혹은 개선 방향이 섞여 있는 경우가 그것이다.

현황 ➡	문제점 ➡	개선방향
사업수행계획서의 시스템 도입에 의하면 H/W, S/W의 도입 계획이 수립되어 있으나 요구사항정의서에 반영되지 않았음	요구사항정의서에 기록되지 않은 H/W, S/W 도입계획은 진행과정에서 누락, 왜곡이 발생할 수 있음	H/W, S/W 도입계획의 내용을 요구사항 정의서에 기록하고 사업 종료 때까지 그 요구사항을 추적관리 해야 함

[그림 11] 현황-문제점-개선 방향 논리 흐름도

[그림11] 현황-문제점-개선 방향 논리 흐름도는 각 항목별로 상호 논리성을 표현한 사례이다. 하지만 각 항목이 반드시 1개씩 일치시키라는 것은 아니고 현황(2개), 문제점(3개), 개선 방향(2개) 로 구성될 수도 있다. 중요한 것은 문장 구성의 개수가 아니고 내용상에 일관성이라는 것이다. 특히 개선 방향은 추후에 시정조치 확인을 할 때 감리 기준이 되는 항목이므로 개발 사업자가 개선해야 할 부분만 명확하게 제시해야만 한다. 그리고 간혹 감리원이 바뀌는 경우가 있으므로 더더욱 신경을 써서 혼란과 시간 낭비가

생기지 않도록 명확하고 간결하게 기술해야 한다. 아래 몇 가지 나쁜 사례를 소개한다.

<<개선방향>>

(가) OOO 2 단계 사업관리 시스템 요구사항 설명회에서 제시된 내용이 요구사항정의서에 일부 누락되거나 미확정 상태로 있으므로 요구사항정의서를 재검토하여 반영 여부나 미확정 여부를 관리해야 함. 취소/보류/추가 등의 요구사항에 대하여는 비고란에 원인을 참조할 수 있도록 구체적으로 표기하여 명확하게 하는 것이 필요함. 또한, 요구사항정의서와 요구사항정의서 이전단계 산출물(RFP, 제안서, 사업수행계획서, 회의록 등)간의 연관 항목을 추적할 수 있도록 하고, 발주자의 승인이 필요함.

(나) 요구사항조사 결과보고서에 의하면 OO 관리시스템의 활용성이 미흡한 상태임. 또한, OOO 2 단계 센터정보실 개편 요구분석 회의현황에 의하면 기 구축 시스템 활용률이 저조하지만 이에 대한 대응 방안이 '센터 담당자들에게 DATA 업데이트 의무감 부여'로 되어 있어 동기 부여를 할 수 있는 구체적인 대응 방안이라고 보기 어려움. 결과적으로 현재 선행 사업으로 개발된 시스템의 활용률이 미흡하여 2 단계 사업 요구사항 정의 단계에서 문제점을 분석하여 개발될 지역사업관리시스템(2 단계)의 활용도를 높이기 위한 방안 마련이 필요하고 이를 요구사항정의서에 반영이 필요함.

[그림 12] 개선 방향 제시 나쁜 사례

상기의 [그림 12] 개선 방향 제시 나쁜 사례를 보면 첫째 개선 방향을 제시하는 문장에 현황과 문제점이 섞여 있어서 이해하기가 어렵고, 둘째 무엇을 개선해야 하는지 명확치가 못하다. 셋째 개선해야 할 부분이 모호하면 감리원과 개발사업자 간에 서로 다른 해석으로 인해서 추후에 시정조치 확인 과정에서 무엇을 시정 조치 했는지 서로 확인이 어려울 수가 있다.

감리보고서의 핵심은 개선 방향 제시라고 할 수 있으므로 [그림

11] 현황-문제점-개선 방향 논리 흐름도와 같이 간결하고 명확하게 개선에 관한 내용만 기술해야 한다. 개선 방향을 제시하는 내용에 현황이나 문제점이 섞이지 않도록 해야 한다는 뜻이다.

나. 상세점검결과

(1) 계약문서에서 정한 과업내용이 요구사항정의서에 적정하게 반영되어 있는지를 점검한 결과 요구사항 누락 등 문제점이 발견되므로 보완이 필요함. (필수, 단기, 중요)

<<현황 및 문제점>>

(가) 대비표와 검사기준서는 새로 바뀐 감리기준에 의거하여, 과업내용 이행 여부를 점검하기 위한 기본 산출물이며 사업관리 영역에서 일관성 측면에서 점검토록 함.

(나) 요구사항 ID 는 요구정의 단계 대비표와 일관성 있게 기술되어 있는지, 각 요구사항에 대한 설계내역이 설계 산출물 목록 등으로 정의되었는지 점검함.

[표 1-1] 문제점 현황 (요약)

시스템 명	요구사항 누락	요구사항 미상세화	요구사항 불일치	요구사항 수용여부 미정	산출물 미작성	일정 지연	산출물 정합성	소계
사업관리 및 품질보증활동	3	-	-	-	1	-	84	88
자산배분/부채산출 시스템	3	62	5	-	34	-	-	104
성과평가 시스템	3	18	7	2	1	2	-	33
시장위험/신용위								

[그림 13] 요구정의 단계 감리보고서 사례

초급자를 위한 정보시스템 감리 실무 개정판

03.

설계 단계 감리 방법과
보고서 작성

설계 단계 현장 감리

설계 단계 감리는 두 번째 단계감리로서 예비조사를 바탕으로 현장 감리를 실행한다. 설계 단계 감리는 많은 개발 문서를 검토해야 하므로 사전에 체계적인 준비가 필요하다. 그리고 설계 단계 감리 착수회의는 요구정의단계 감리 착수회의와 동일한 형태로 진행하므로 본 절에서는 생략한다.

설계 단계 감리는 주로 설계 단계 말에 실행한다. 그래서 감리 대상 산출물이 다양하며 요구사항정의서 등 분석단계 산출물과의 연관성도 고려해야 한다. 또한 지속적으로 그 일관성을 점검해야 할 산출물은 요구 사항 추적 표이고, 설계 단계 감리에서 가장 중요한 문서는 검사기준서다. 이것은 개발 산출물은 아니고 관리 산출물이며 사업의 종료 단계에서 그 적합성 여부를 가늠하는 문서이므로 이를 중요하게 점검해야 한다.

■ 설계 단계 감리 대상 산출물

설계 단계 감리 대상산출물은 요구 사항 추적 표, 검사기준서 등 사업관리 및 품질보증활동을 위한 산출물 이외에 개발표준서, 프로그램 사양서, 화면정의서, 유즈케이스 정의서, 컴포넌트 설계서, 클래스 설계서, 프로그램 명세서, 물리 ERD, 논리 ERD, 테이블 정의서, 코드 정의서, 단위테스트 계획서, 통합테스트 계획서 등 이것은 사업의 개발 유형에 따라서 그 산출물은 다를 수 있지

만 검사기준서는 반드시 점검해야만 한다. 종료 단계에서 사업의
완성도를 가늠할 수 있는 유일한 문서이기 때문이다.

■ 설계 단계 감리점검 항목

설계 단계부터는 점검해야 할 산출물이 많으며 이를 아래와 같
이 감리 영역별로 일부를 기술했고 첨부에 전체를 수록했다.

<표 11> 설계 단계 사업관리 부문 점검 항목(일부)

감리 시점	점검 항목	검토 항목	비고
실행/ 통제	1. 범위 변경관리를 적정하게 수행하였는지 여부	1. 과업 범위의 변경이 공식적인 변경관리 절차에 따라 수행되고 추적 가능한가? - 사용자 요구 사항의 변경 절차 준수 여부 - 변경에 대한 추적 가능 여부	
	2. 진척관리를 적정하게 수행하였는지 여부	1. 사업의 일정 등 진척 사항이 관리 및 통제되고 있는가? - 정기적인 진척관리 - 관리 도구의 사용	
	3. 인력 관리를 적정하게 수행하였는지 여부	1. 사업 추진을 위한 투입 인력이 계획에 따라 관리되고 있는가? - 월별 투입 인력 계획 및 실적 - 인력 변경의 적정성(기술력, 경험 등) - 교육 계획에 따른 참여 인력 교육 실시	

<표 12> 설계 단계 품질보증활동 부문 점검 항목(일부)

감리 시점	점검 항목	검토 항목	비고
설계	1. 방법론 및 절차/표준의 준수 여부	1. 방법론 및 관련 표준을 준수하고, 산출물이 적절하게 작성되었는가? - 방법론에서 제시한 절차 - 각종 설계 및 작성 표준 - 각종 국·내외 표준 또는 사실표준 - 정의된 공식 산출물의 누락 여부	
	2. 품질보증활동을 적정하게 수행하였는지 여부	1. 품질보증활동이 계획대로 수행되었는가? - 품질보증활동 계획 대비 활동 적정성	

<표 13> 설계 단계 응용 시스템 부문 점검 항목(일부)

감리 시점	점검 항목	검토 항목	비고
설계	1. 프로그램 분할을 적정하게 수행하였는지 여부	1. 프로그램 분할이 적절하게 이루어졌는가? - 공통 모듈 도출 - 사용자 인터페이스 - 처리(온라인/배치) 방식	
	2. 업무 기능 설계를 누락 없이 상세하게 설계하였는지 여부	1. 업무 기능이 상세하게 설계되었는가? - 프로그램 호출 방식 - 처리 로직 - 관련 입·출력 데이터 항목 - 각종 예외 처리	
	3. 사용자 인터페이스가 편의성을 확보할 수 있도록 설계되었는지 여부	1. 사용자 인터페이스가 적절하게 설계되었는가? - 화면/출력물 설계 - 인터페이스별 기능 및 입출력 데이터 - 사용자의 확인	

<표 14> 설계 단계 데이터베이스 부문 점검 항목(일부)

감리 시점	점검 항목	검토 항목	비고
설계	1. 데이터베이스 테이블을 적정하게 설계하였는지 여부	1. 응용 시스템을 고려하여 테이블에 대한 설계가 이루어졌는가? - 테이블/프로그램 연관성 - 정규화/비정규화 - 데이터 무결성 2. 테이블의 정의 및 테이블 간 업무 규칙의 정의가 적절하게 이루어졌는가? - 각종 키의 정의 - 데이터 생성규칙 - 속성 도메인 - 트리거	
	2. 공통 코드를 적정하게 설계하였는지 여부	1. 공통 코드에 대한 설계가 이루어졌는가? - 코드 설계 대상의 선정 - 코드 구조 및 생성 규칙 - 코드 증가 및 확장에 대한 고려	
	3. 데이터베이스 성능을 고려하여 설계하였는지 여부	1. 데이터베이스 성능이 고려되어 설계되었는가? - 정규화/비정규화 - 인덱스 설계	

<표 15> 설계 단계 시스템 구조 및 보안 부문 점검 항목(일부)

감리 시점	점검 항목	검토 항목	비고
설계	1. 시스템 구성 요소에 대한 상세 설계를 충분하게 수행하였는지 여부	1. 시스템 구성 요소에 대한 상세 설계가 충분하게 이루어졌는가? - 시스템 구성 요소의 분할, 배치 및 인터페이스 설계 - 시스템 계층 분할 및 계층 간 인터페이스 설계 - 시스템 구성도 등	
	2. 시스템 보안에 대한 상세설계를 적정하게 수행하였는지 여부	1. 시스템 보안에 대한 상세 설계가 수행되었는가? - 보안 솔루션 - 관리적, 기술적, 물리적 보안 대책 - 시스템 백업 및 복구 방안 등	
	3. 시스템 설치 및 검증 계획을 적정하게 수립하였는지 여부	1. 시스템 설치 및 검증 계획이 수립되었는가? - 각종 도입 장비에 대한 설치 계획 - 설치 후 각 장비의 요구 사항에 대한 검증 방법 및 절차	

설계 단계 감리는 많은 산출물을 점검해야 하므로 아래와 같이 점검 사항 대비 산출물 점검 매트릭스가 필요하다.

감리영역	점검항목		분석 산출물						설계 산출물										
			패키지 교육자료	패키지 기능 정의서	패키지 GAP 분석서	요구사항 정의서	관련 대비표	영향(신)행 분석서	UI 목록	인터페이스 설계서	메뉴 목록표	프로그램 목록(사용자(UI)/결과포함)	논리 ERD	코드 정의서	물리 ERD	테이블 정의서/목록	인터페이스 정의서	데이터 이행 계획서	테스트 계획서
		미작성 : ○, 작성완료 : ●, 작성중 : ◐, N/A : -	●	●	●	●	●	●	-	●	●	●	●	●	●	●	●	●	●
공통	요구사항정의서	요구사항추적성																	
	회의록	회의결과 미결사항, 추가요구사항 반영여부																	
응용시스템	1. 프로그램 분할을 적정하게 수행하였는지 여부	가?																	
		- 공통 모듈 도출																	
		- 사용자 인터페이스																	
		- 처리(온라인/배치) 방식																	
	2. 업무 기능 설계를 누락 없이 상세하게 설계하였는지 여부	1. 업무 기능이 상세하게 설계되었는가?																	
		- 프로그램 호출방식																	
		- 처리 로직																	
		- 관련 입/출력 데이터 항목																	
		- 각종 예외 처리																	
	3. 사용자 인터페이스가 편의성을 확보할 수 있도록 설계되었는지 여부	는가?																	
		- 화면/출력물 설계																	
		- 인터페이스별 기능 및 입출력 데이터																	
		- 사용자의 확인																	
	4. 내/외부 인터페이스 설계의 충분성, 적정성	계되었는가?																	
		- 연계 시스템/기능/데이터의 확인																	
		- 연계 방식의 선정																	
		- 연계 주기, 방법																	
	5. 접근권한 및 통제 설계를 적정하게 수행하였는지 여부	가 수행되었는가?																	
		늘																	
		- 요구사항 및 보안정책 대비 보안기술 적용																	
	6. 단위시험계획을 적정하게 수립하였는지 여부	가?																	
		- 시험 환경, 절차, 시나리오, 데이터																	

설계 단계 감리 결과 보고서 작성

감리 결과 보고서에 종합 의견과 전제 조건, 총평은 앞서 요구 정의 단계 감리와 동일하기 때문에 이곳에서는 생략한다.

I. 종합 의견

■ 전제 조건

정보시스템 감리 보고서에서 전제 조건은 감리 수행 과정에서 발생할 수 있는 제약 사항이나 가정들을 명확히 밝혀 놓는 것을 의미한다. 즉, 감리 결과의 신뢰도를 높이고, 보고서를 해석하는 데 있어 오해를 방지하기 위한 필수적인 요소이다. 전제 조건은 요구정의 단계감리의 전제 조건을 참고하되 각 단계감리의 상황에 따라서 추가할 수 있다.

■ 총평

정보시스템 감리보고서 총평은 감리 전체 과정에서 도출된 결과를 종합하여 시스템의 전반적인 상태와 개선 방향을 제시하는 부분이다. 즉, 보고서의 결론이자 핵심 메시지를 담고 있는 가장 중요한 부분이라고 할 수 있다. 총평 세부 내용은 다음과 같이 그 사례를 속한다.

(총평 사례)

응용 시스템 #1은 패키지 기반의 개발 업무로, 사용자 요구 사항에 대한 부분이 설계에 적정하게 반영되었는지, 설계 산출물 간의 일관성이 있는지를 중점적으로 검토하였습니다.

점검 결과, 최종 화면 리뷰 회의 때 도출된 요구 사항이 프로그램사양서에 누락되어 반영이 필요하며, 요구사항검수기준서에 누락된 비기능요구사항은 검수를 확인할 수 있는 절차, 산출물 등에 대한 정확한 기준의 기술이 필요합니다.

설계 산출물 간 프로그램 ID의 불일치, 프로그램사양서에서 참조하는 테이블명, 컬럼명 등 테이블정의서와 일관성이 부족한 부분에 대해서는 일치가 필요합니다.

또한, 이력과 관련된 테이블들에 대한 논리, 물리ERD 및 테이블정의서의 추가 작성이 필요하며, Table/Column매핑정의서에 데이터 타입이 변경되거나, 길이가 축소되는 컬럼들에 대한 변환규칙의 추가 작성이 필요합니다.

DW 시스템 부문은 감리 시점 현재 설계가 완료되어 요구 사항의 추적성과 설계 산출물의 적정성을 점검하였습니다. 요구사항추적매트릭스를 검토한 결과, 보고서정의서 ID가 기술되어 있지 않아 요구 사항 추적이 어려워 보고서정의서에 ID를 부여하여 관리해야 합니다.

ODS 영역으로 데이터가 이전하는 Legacy 시스템에 대하여 도메인을 정의하고 용어 사전에 등록하여 표준화해야 하며, 도메인

03. 설계 단계 감리 방법과 보고서 작성

과 상이하게 속성이 정의된 컬럼을 수정하고, 용어 사전의 영문명과 상이하게 설계된 컬럼 ID를 수정 및 보완해야 합니다.

매핑 정의서에 누락된 매핑 테이블을 추가하여 기술해야 하며, 완성도가 미흡한 보고서정의서를 보고서 구축에 활용할 수 있도록 추가 보완해야 합니다.

시스템구조 부문은, 본 구축 사업에서 도입하는 장비는 AP서버, DB서버, 웹 서버/대외기관 연계 서버, 개발 서버, 스토리지, 네트워크장비, 보안 장비 등이며, 기존 서버의 재활용과 기존 라이선스 증설 및 재활용을 포함하고 소프트웨어는 오라클 DBMS, WEB, WAS, ETL, OLAP 등이 있습니다.

중점적으로 검토한 부분은, 사용자 요구 사항을 빠짐없이 도출하고 분석하여 설계에 반영하였는가, 도입하는 장비(하드웨어, 소프트웨어 등)는 요구하는 규격대로 설치 계획이 수립되었는가, 개정된 감리 기준에 따른 검사기준서를 적정하게 작성하였는가 등이며, 상시 감리에서 개선 권고한 항목에 대해 1차 확인 후 조치가 진행 중인 항목을 본 설계 단계감리에서 재확인하였으며, 다음과 같이 검토 의견을 제시합니다.

설계 단계 감리일 현재 3층 전산실에 서버와 소프트웨어 설치를 진행하고 있으며, 확장성을 고려한 서버의 추가 납품은 설치 예정에 있습니다. 따라서, 서버 구성이 바뀔 수 있으므로 관련 산출물(범위기술서, 요구사항정의서, 아키텍처정의서, 인프라구축계획서, 인프라설계서 등)은 변경 전 서버 구성을 기준으로 점검하였습니다.

개선이 필요한 내용은 첫째, 설계 단계 산출물인 인프라설계서에서 구성의 재확인이 필요한 내용과 원격지 백업 설계 누락, 수량 표기 오류 등 일부 재점검이 필요한 사항이 발견되어 수정 및 보완이 필요합니다.

둘째, 인프라구축계획서와 성능테스트 계획서에서도 일부 표기 오류가 있었으며, 성능 시험은 향후 시험 단계에 구체적인 성능 목표와 상세한 기준이 수립되므로 본 계획서에는 시험 계획과 각 단계별 산출물을 일치시키는 수준의 수정이 필요합니다.

(이상 총평 사례 끝)

■ 감리 영역별 상세점검 결과 요약

감리 영역별 상세 점검 결과 요약은 요구정의 단계 감리와 같은 방법으로 감리 대상 정보시스템의 사업 유형, 규모, 특징 등을 고려하여 점검 기준 및 점검 항목을 선정하고, 감리 영역별(사업관리, 응용 시스템, 데이터베이스, 시스템 구조 및 보안 등) 점검 결과를 요약하는 것이다. 구체적으로는 각 감리 영역별 점검 결과에 대해서 개선권고사항, 개선권고유형, 개선 시점, 중요도, 발주기관협조필요 유무 사항 등으로 구분하여 요약해서 기술한다.

설계 단계 감리에서 사업관리 및 품질보증활동 영역에 가장 중요한 것은 검사기준서의 점검이다.

개발자가 설계 단계에서 작성하는 문서이며, 지속적으로 변화하는 요구 사항을 관리하는 요구사항추적표와 그 정합성 확보 여부를 점검한다.

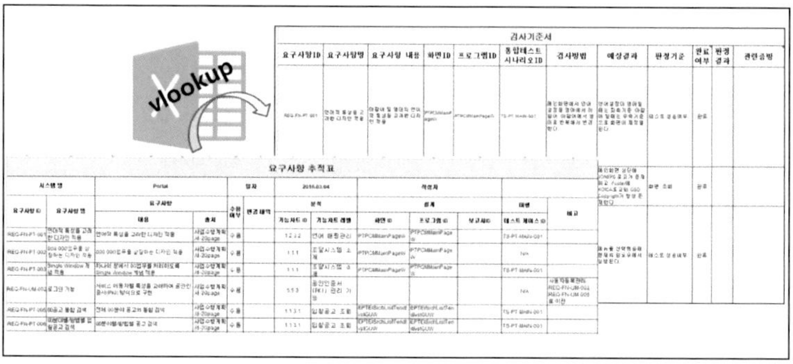

[그림 14] 요구사항추적표 대비 검사기준서 정합성 점검

　대부분의 요구사항추적표와 검사기준서는 엑셀로 작성하므로 요구사항추적표에 요구 ID를 기준으로 검사기준서에 요구 ID를 비교해서 점검한다. 엑셀 vlookup 함수를 사용하면 손쉬운 점검이 가능하다.

초급자를 위한 정보시스템 감리 실무 개정판

<표 17> 개선권고사항 목록

개선권고사항	개선권고유형	개선시점	중요도	발주기관협조필요
(1) DW에 의존적인 성과평가 시스템의 특성에 따라 타 시스템의 DB를 많이 사용하므로 매핑 테이블의 작성이 필요함.	필수	단기	☐	
(2) 프로그램에서 사용되는 테이블 정보의 상호 변경관리에 대하여 정확성과 즉시성 확보를 위한 조치가 필요함.	필수	단기	☐	
(3) 요구사항추적 매트릭스에 기록되지 않은 프로그램이 발견되어 이에 대한 조치가 필요함.	필수	단기		
(4) 프로그램을 개발함에 있어서 소수점 처리 (절상, 절사)등 계수처리 유형에 대한 기준이 없어서 혼란이 예상되므로 조치가 필요함.	필수	단기	☐	

■ 개선권고사항 작성

정보시스템 감리보고서의 개선권고사항은 감리 결과 발견된 문제점을 해결하고 시스템의 품질을 향상시키기 위한 핵심적인 내용에 제목이다. 개선권고사항 작성 시 다음과 같은 요령을 참고하여 효과적이고 명확하게 작성해야 한다.(상세 설명은 앞장에 요구정의 단계 감리 참고)

II. 감리 영역별 점검 결과

가. 점검 항목별 점검 결과

작성 방법은 감리 영역(사업관리 및 품질보증활동 등)별로 '가. 점검 항목별 점검 결과'와 '나. 상세점검 결과'로 나누어서 작성한다.

나. 상세점검 결과

상세 점검 결과는 발견된 각각의 결함 사항을 1개의 문장으로 기술하고 개선권고유형과 개선 시점, 중요도를 표기한다. 이것은 앞서 〈표 9〉 감리 영역별 상세점검 결과 요약 표 하단에 제시한 바를 참조한다.

상세 점검 결과는 각각의 감리 영역별로 작성하며 사업관리 및 품질보증활동, 응용 시스템, 데이터베이스, 시스템 구조 및 보안 순으로 작성하며, 응용 시스템의 경우 여러 개의 독립적인 시스템으로 구성된 경우 각각의 감리 영역으로 구분해서 점검한다.

특히 설계 단계 감리에서 중요시해야 할 관리산출물은 검사기준서이다.

■ 상세점검 항목의 구성

본 감리는 설계 단계 감리이므로 각종 설계산출물과 관리산출물을 빠짐없이 품질 점검을 한다. 점검 과정에서 발견된 문제점(품질 결함)을 번호순으로 작성한다. 우선 상세점검 항목의 제목(일명 꼭지라고도 부른다)은 간단명료하면서 문제점 위주로 작성하는 것이 좋다. 2~3줄의 짧은 문장에서 굳이 현황까지는 상세하게 기술하지 않아도 좋다는 뜻이다.

■ 현황 및 문제점 작성

상세점검 항목에서 발견된 문제점의 범위에 국한해서 점검한 산출물의 현황을 작성한다. 항상 현황을 먼저 작성하고 그 후에 문제점을 작성한다.

[그림 15] 설계 단계 감리 영역별 점검 결과(응용 시스템) 일부

■ 개선 방향 작성

개선 방향은 앞서 지적한 문제점에 대해서 개선 방향을 제시하는 것이다. 따라서 각각의 문제점과 개선 방향을 일치시키는 것이 좋다. 즉, 현황과 문제점 그리고 개선 방향은 논리적으로 일관성이 있어야 한다.

앞서 요구정의 단계 감리에서 제시한 바와 같이 [그림 11] 현황-문제점-개선 방향 논리 흐름도를 참조한다.

개선 방향은 추후에 시정조치 확인에 기준이 되므로 개선해야 할 문제점을 명확하게 제시하고 개선 범위와 대상도 명확하게 제시한다. 또한 제시한 개선 방향에 대해서 개발 담당자가 충분히 이해를 하고 감리원과 동일한 시각과 관점인지 확인해야만 한다.

《개선방향》

(가) 연계 대상 시스템 및 프로세스 도출 및 반영에 대한 적정성 점검을 통해 식별된 다음 사항에 대한 보완이 필요함.

- 인터페이스명세서의 송신 대상 테이블의 칼럼으로 기재되어 있으나, 해당 테이블의 테이블정의서에 존재하지 않는 칼럼에 대한 검토와 보완이 필요함.
- 소스 테이블(Source Table) 테이블 하나가 여러 개의 목적 테이블(Target Table)로 인터페이스 되는 경우, 구현 및 운영 단계에서 효율적으로 활용될 수 있도록 테이블 및 칼럼의 사상(mapping)의 명확한 표기가 필요함.

(나) 요구사항추적표, 기능명세서의 기능, 인터뷰를 통해 확인된 인터페이스 관련 요구사항 중 인터페이스명세서에 반영되지 않은 요구사항에 대한 보완이 필요함.

- Sign in 과 관련한 요구사항 중 OO 시스템과의 인터페이스 및 관련 기능을 구현 하여야 하는 것으로 확인된 요구사항에 대한 관련 산출물(인터페이스명세서, 설계 산출물)의 보완이 필요함.
- 전자문서관리시스템(EDMS)을 통해서 관리되는 첨부 파일에 대한 인터페이스명세서 기재 및 관리가 필요함.

[그림 16] 개선 방향 제시 사례(응용 시스템)

개발 사업자가 작성한 검사 기준서에 결함이 있는 경우는 다음과 같이 개선 방향을 제시한다.

《개선방향》

(가) 검사기준서의 경우에는 작성한 세부 검사기준의 내용이 종료단계 감리에서 적합/부적합으로 판정이 되므로 반드시 사업자가 작성하고 발주기관이 확인한 후 감리법인(시정조치확인)에게 제출하여 점검할 수 있도록 하여야 함.

[표 3-6] (참고용) 검사 기준서의 작성 (장비의 경우 예시)

요구사항ID	요구사항 내용	검사방법	예상결과	판정기준
R-IA-F-0001	IBM Power 720서버 1대	육안 또는 납품 사진으로 확인한다	제품모델과 수량이 동일하다	제안한 서버모델과 수량이 동일하다
	CPU 규격 3.0GHz * 8Core	규격과 수량을 확인할 수 있는 명령어(ab)를 실행한다	화면에 나타난 결과내용이 CPU 3.0GHz 8Core 이다	제안한 CPU규격과 명령어를 실행한 결과값이 일치한다
	메모리 32GB	메모리 설치를 확인할 수 있는 OS명령어를 실행한다	화면에 나타난 결과내용이 32GB이다	제안한 메모리 용량과 결과값이 일치한다

[그림 17] 검사기준서의 개선 방향 제시 사례

03. 설계 단계 감리 방법과 보고서 작성

(1) TE Efficient Frontier 생성 기능 추가 요구사항에 대해 프로그램사양서 등의 작성이 필요함. (필수, 단기)

《〈현황 및 문제점〉》

(가) 최근에 작성된 "KTPF-AA-회의록-20120323-01"에 의하면 "2.자산군별 액티브위험의 배분을 위한 TE Efficient Frontier 생성 기능 추가"요구사항이 있으나 프로그램사양서 등에 반영되지 않음.

[그림 2.1-1] 프로그램사양서에 반영되지 않은 요구사항이 도출된 회의록

요구사항 Summary	
결 정 사 항	**미 결 사 항**
1. 합성 지수 등록 시 하위 지수에 합성 지수를 등록 할 수 있게 기능 보완	
2. 자산군별 액티브위험의 배분을 위한 TE Efficient Frontier 생성 기능 추가	

(나) 요구사항추적매트릭스의 경우 화면 ID 가 "PG-"로 잘못 작성되거나, 화면 ID, 프로그램 ID 가 누락된 사례가 발견됨.

[표 2.1-1] 화면 ID 가 잘못 작성되거나 누락된 요구사항추적매트릭스 목록 (6 건)

요구사항ID	요구사항명	프로그램ID	화면ID	비고
R-AA-TA-F-020	전술 단위당 초과투자비중 산출	PG-AA-TA-100	PG-AA-TA-100	화면ID가 화면목록에 누락
R-AA-TA-F-020	전술 단위당 초과투자비중 산출	PG-AA-TA-101	PG-AA-TA-100	

[그림 18] 설계 단계 감리보고서 사례

04.

종료 단계 감리 방법과
보고서 작성

종료 단계 감리는 단계 감리의 마지막으로서 예비조사를 바탕으로 현장 감리와 시정조치 확인을 실행한다. 종료 단계 감리는 설계 단계 감리보다 더 많은 문서를 검토해야 하므로 사전에 체계적인 준비가 필요하다.

종료 단계 감리는 통합테스트의 무결성과 검사기준서의 완성도 점검이 중요하다. 통합테스트는 해당 업무의 프로세스 지원 측면에서 점검을 해서 사용자 요구 사항에 따라서 개발된 기능이나 데이터베이스에 결함 여부를 점검하는 것이고, 검사기준서는 사용자 요구 사항에 누락과 왜곡이 없는지 여부와 각 요구 사항에 대한 검사기준이 합당한지 여부를 점검하는 것이고 특히 각각의 검사 기준 결과에 대해서 판정(적합, 부적합, 점검 제외)을 한다.

📖 종료 단계 현장 감리

■ 종료 단계 감리 대상 산출물

종료 단계 감리는 프로젝트가 완료되기 직전에 진행되는 감리로, 모든 산출물이 요구 사항에 맞게 완성되었는지, 그리고 프로젝트 전체가 성공적으로 수행되었는지 최종적으로 확인하는 절차이다. 이 단계에서 감리 대상이 되는 산출물과 점검 항목은 프로젝트의 종류와 규모에 따라 다르지만, 일반적으로 다음과 같은 것들이 포함된다.

종료 단계 감리 대상 산출물은 설계 단계 산출물에 단위테스트 결과서 및 통합테스트 결과서가 추가되며, 요구사항추적표의 완성도와 검사기준서의 점검을 해야 한다. 특히 설계 단계에서 작성한 검사기준서를 대상으로 각 항목마다 판정(적합, 부적합, 점검 제외)을 해야 한다.

그래서 종료 단계 감리는 그 이전에 수행한 설계 단계 감리보다 점검해야 할 산출물의 양은 적지만 모든 요구 사항에 대해서 검사기준서를 기준으로 점검을 하고 판정을 해야 하기 때문에 많은 세심한 노력이 필요하다.

■ 종료 단계 감리 점검 항목

종료 단계 점검 항목은 실행/통제, 구현, 실험, 전개 단계로 나누어진다. 종료 단계 점검 항목을 다음과 같이 일부 사례를 제시했고, 별첨 부록으로 그 전체를 제시했다.

<표 18> 종료 단계 사업관리 부문 점검 항목(일부)

감리 시점	점검 항목	검토 항목	비고
실행/ 통제	1. 범위 변경관리를 적정하게 수행하였는지 여부	1. 과업범위의 변경이 공식적인 변경관리 절차에 따라 수행되고 추적 가능한가? - 사용자 요구사항의 변경절차 준수 여부 - 변경에 대한 추적 가능 여부	
	2. 진척 관리를 적정하게 수행하였는지 여부	1. 사업의 일정 등 진척사항이 관리 및 통제되고 있는가? - 정기적인 진척관리 - 관리 도구의 사용	
종료	1. 사용자 요구 사항을 충분히 반영하였는지 여부	1. 계약사항과 사용자요구사항이 계약종료 전에 모두 완료되었는가? - 사용자요구사항 추적의 완전성	
		2. 완료된 사업범위에 대한 사용자의 공식 승인이 완료되었는가? - 사용자 승인 시험 결과	

<표 19> 종료 단계 품질보증활동 부문 점검 항목(일부)

감리 시점	점검 항목	검토 항목	비고
구현	1. 방법론 및 절차/표준의 준수 여부	1. 프로그램 구현 시 방법론 및 개발 표준을 준수하였는가? - 모듈(클래스), 속성, 연산 명명 규칙, 주석, 메시지 표준 - 소프트웨어 아키텍처, 패턴, 템플릿 반영	
시험	3. 품질보증활동을 적정하게 수행하였는지 여부	1. 품질보증활동이 계획대로 수행되었는가? - 품질보증활동 계획 대비 활동 적정성	
	4. 사용자 요구 사항 및 관련 산출물 간의 추적성, 일관성	1. 구현된 시스템에서 기능적/비기능적 사용자 요구 사항이 추적 가능한가? - 요구 사항 대비 구현 기능의 추적성 - 시스템 간 연계, 성능, 보안 등 요구 사항 만족 여부	

<표 20> 종료 단계 응용 시스템 점검 항목(일부)

감리 시점	점검 항목	검토 항목	비고
구현	1. 업무 기능 구현의 충분성, 완전성	1. 업무의 흐름에 따라 각 기능이 정확하게 구현되었는가? - 수작업 업무와 시스템 업무 간의 연결성 - 시스템활용 업무의 기능성	
	2. 사용자 인터페이스가 편의성을 확보할 수 있도록 구현되었는지 여부	1. 사용자 인터페이스가 편리하게 구현되었는가? - 인터페이스의 일관성 - 입력처리 및 기능의 편리성 - 업무 흐름을 반영한 인터페이스의 구현	
	3. 내/외부 시스템 인터페이스 구현의 충분성, 완전성	1. 내/외부 시스템 인터페이스가 정확하게 구현되었는가? - 연계 시스템/기능/데이터의 확인 - 연계 데이터, 방식, 주기	

\<표 21\> 종료 단계 데이터베이스 점검 항목(일부)

감리 시점	점검 항목	검토 항목	비고
구현	1. 데이터베이스 테이블 구현을 적정하게 수행하였는지 여부	1. 설계에 따라 데이터베이스에 테이블 및 테이블 간 업무 관계가 적합하게 구현되었는가? - 테이블, 인덱스, 키 설계, 트리거	
	2. 데이터베이스 성능을 충분히 고려하여 구현하였는지 여부	1. 성능을 고려하여 데이터베이스가 구현되었는가? - 각종 데이터베이스 관련 설정 - 인덱스, 메모리, 세션	
	3. 데이터 접근 권한 및 통제를 정확하게 구현하였는지 여부	1. 데이터에 대한 접근 권한 및 통제가 설계에 맞게 구현되었는가? - 사용자별/그룹별/업무별 접근 권한, 감사 기능 - 요구 사항 및 보안 정책 대비 보안 기술 적용	

\<표 22\> 종료 단계 시스템 구조 및 보안 점검 항목(일부)

감리 시점	점검 항목	검토 항목	비고
구현	1. 시스템 도입/설치 및 보안 환경의 구축을 충분하게 수행하였는지 여부	1. 시스템 도입 계획 및 설계에 따라 도입/설치되었는가? - 계획 대비 도입 장비의 적합성 - 시스템 및 각종 소프트웨어 설치 - 보안 솔루션 등	
	2. 시스템 구성 요소에 대한 검증을 적정하게 수행하였는지 여부	1. 시스템의 구성 요소에 대한 검증이 이루어졌는가? - 시스템 간의 호환성 검증 - 사양 대비 시스템 성능, 안정성, 가용성, 보안성 등 검증 - 소프트웨어 아키텍처의 검증	

감리 시점	점검 항목	검토 항목	비고
구현	3. 시스템 시험 계획을 적정하게 수립하였는지 여부	1. 시스템 시험이 계획되었는가? - 시스템 시험 유형 및 범위 - 시험 환경, 절차, 시나리오, 데이터 - 시스템 시험 유형별 성공 요건 등	

<표 23> 종료 단계 시험 활동 점검 항목(일부)

감리 시점	점검 항목	검토 항목	비고
시험	1. 시험 환경을 충분하게 구축하였는지 여부	1. 시험 환경이 실제 운영 환경을 반영하여 구축되고 시험 준비가 완료되었는가? - 시험 계획의 적정성(시험 대상/전제 사항/품질 목표) - 시험 데이터 준비 현황 - 응용 시스템 준비 현황 - 기반 환경 준비 현황	
	2. 통합시험 실시 및 검증을 적정하게 수행하였는지 여부	1. ₩통합시험이 계획에 따라 적정하게 실시되었는가? - 시험 범위 적정성 - 시험 결과 정확성	
		2. 통합시험을 통해 내·외부 시스템 간의 연계 및 구현된 시스템 간의 기능 완전성과 데이터 무결성이 확보되었는가? - 내·외부 연계/통합 기능의 무결성 - 사용자 인터페이스/업무 기능의 완전성 - 데이터 검증 기능의 무결성	

04. 종료 단계 감리 방법과 보고서 작성

<표 24> 종료 단계 운영 준비 점검 항목(일부)

감리 시점	점검 항목	검토 항목	비고
전개	1. 운영 환경의 설치 및 배포를 완전하게 수행하였는지 여부	1. 시스템을 운영하는 데 필요한 모든 하드웨어와 소프트웨어, 구현된 응용 시스템이 완전하게 설치/배포되었는가? - 시스템 설치 대상, 일정, 절차 수립 - 서버, 시스템 소프트웨어 설치 - 사용자 응용프로그램 설치 및 배포	
	2. 초기 데이터 구축 및 데이터 전환/검증을 적정하게 수행하였는지 여부	1. 초기 데이터 구축과 데이터 전환이 적정하게 이루어지고 검증되었는가? - 기초 데이터의 구축 및 적정성 검증 - 기존 데이터 전환 수행 및 결과의 적정성 검증	
	3. 시스템 및 업무 전환을 적정하게 수행하였는지 여부	1. 업무 및 시스템 전환이 적정하게 수행되었는가? - 시스템 오픈 전후 데이터의 일관성 유지 - 기존 처리 업무의 연결성, 연속성 확보 - 시스템 특성에 따른 시스템 전환 및 검증 수행	

<표 25> 종료 단계 정보시스템의 구축 운영 기술 지침 적용 점검 항목(일부)

점검 항목	검토 항목	비고
기술적용계획표와 기술준수결과표 준수 여부	1. 기술준수결과표가 적합하게 작성되었는가? - 기술적용계획표 대비 기술 준수결과표 반영 현황 - 사업에 적용된 기술들의 기술준수결과표 반영 현황	

종료 단계 감리결과보고서 작성

I. 종합 의견

■ 전제 조건

정보시스템 감리보고서에서 전제 조건은 감리 수행 과정에서 발생할 수 있는 제약 사항이나 가정들을 명확히 밝혀 놓는 것을 의미한다. 즉, 감리 결과의 신뢰도를 높이고, 보고서를 해석하는 데 있어 오해를 방지하기 위한 필수적인 요소이다. 전제조건은 요구정의 단계 감리의 전제 조건을 참고하되 각 단계 감리의 상황에 따라서 추가할 수 있다.

■ 총평

정보시스템 감리보고서 총평은 감리 전체 과정에서 도출된 결과를 종합하여 시스템의 전반적인 상태와 개선 방향을 제시하는 부분이다. 즉, 보고서의 결론이자 핵심 메시지를 담고 있는 가장 중요한 부분이라고 할 수 있다. 총평 개요는 요구정의 단계 사례를 참고할 수 있으며, 아래와 같이 총평 사례와 각 감리 영역별 점검 결과 요약을 기술한다.

■ 총평 사례

본 종료 단계 감리에서는 대상 사업의 구현 단계 성과물을 점검 대상으로 하였으며, 산출물의 작성과 품질 검토가 계획에 따라 원활하게 이행된 것으로 보입니다.

주요 개선권고사항은 ① 검수를 위한 준비 ② 품질목표 대비 단계별 품질수준 평가 이행 ③ 분석/설계 산출물의 내용 충분성/정확성 보완 ④ DB모델링 결과의 오류 보완 ⑤ 모바일 웹 서비스 제공을 위한 방안 검토와 적용 등이며, 이를 바탕으로 검수를 준비할 것을 권고합니다.

■ 감리 영역별 점검 결과 요약 사례

사업관리 및 품질보증활동 영역은 사업 기간 내에 사업 목표 달성을 위한 범위관리, 일정 관리, 투입 인력 관리, 의사 소통 관리, 위험 관리, 품질 관리, 변경 관리, 보안 관리, 교육 및 지원 관리 등의 적정성에 대하여 중점 점검하였습니다.

점검한 결과, 대부분 원활하게 사업 마무리를 할 수 있을 것으로 판단하였으나, 검수를 위한 산출물의 재정리가 필요합니다.

응용 시스템 영역은, 구현의 완전성과 시험 활동의 충분성 및 전개 준비 등을 중점적으로 검토하였으며, 검토 의견은 구현한 프로그램에서 일부 기능의 미완성 부분이 발견되어서 수정이 필요하고, 작성한 산출물에서 일부 수정이 필요한 부분이 있으므로 보완 조치가 필요합니다. 또한, 시스템 전개에 대비하여 사용자/관리자를 대상으로 하는 교육을 실시해야 하며, 이관 대상 프로그램을 관리하기 위하여 관리대장 작성이 필요합니다 데이터베이스/DB리모델링 영역의 과업 내용 이행여부를 점검한 결과, 자료이관, DB표준적용 및 DB정규화 3건의 요구 사항에 대하여 모두 이행 완료하였습니다.

설계서 대비 구현 DB를 점검한 결과, 참조 관계 구현 누락을 비롯해 일부 도메인 정보가 불일치하므로 이에 대한 보완이 요구됩니다. 특히, 운영 DB 내 임시 테이블 등 불필요한 테이블을 방치할 경우, 일정 시간 경과 후에는 삭제 대상 여부를 알 수 없기 때문에 정리가 어렵고, 결국에는 DB 서버의 불필요한 자원 점유 및 유지 보수를 어렵게 만드는 원인을 제공하므로 이에 대한 삭제 작업이 필요합니다.

자료 이관을 점검한 결과, 자료 이관 건수는 계획에 따라 정상 진행되었지만, 데이터값 중에는 일부 오류 추정 데이터를 비롯해 일반적인 범위를 벗어나는 값들이 발견되므로 이들을 재검증하고, 오류로 확인된 내용에 대한 보완을 권고합니다.

시스템 구조/보안 영역은 검사기준서의 성능 및 보안 요건은 모두 충족하는 것으로 파악되었으나, 업무 담당자용 비밀번호(생성 규칙, 변경 주기 등)에 관한 관리가 미흡한 수준으로 보이므로 장/단기 과제별로 구분하여 개선을 할 수 있도록 권고합니다.

■ 감리 영역별 상세점검 결과 요약

종합 의견에서는 각 감리 영역별 상세점검 결과를 아래 표와 같이 제시하며 이 내용은 Ⅲ.장에 감리 영역별 점검 결과에 제목(일명 "꼭지")를 복사해서 이곳에 요약해서 정렬한다.

<표 26> 감리 영역별 상세점검 결과 요약 표

개선권고사항	개선 권고 유형[4]	개선 시점[5]	중요 도[6]	발주기관 협조필요
〈사업관리 및 품질보증활동〉				
(1) 최종 납품 산출물이 계획과 실적에 차이로 인하여 검수 과정에서 혼란이 예상되므로 이에 대한 재정의가 필요함	필수	단기	☐	
〈응용 시스템〉				
(1) 구현한 시스템에서 일부 보완이 필요한 부분이 발견되어 개선하는 것이 필요함.	필수	단기		
(2) 개발 시스템의 수행 산출물에서 일부 보완이 필요한 사항이 발견되어 수정이 필요함.	필수	단기		
〈데이터베이스〉				
(1) 테이블 설계서 대비 구현 DB 내 불일치한 참조 키와 도메인 정보를 재검토하고, 오류로 확인된 내용 보완이 필요함.	필수	단기		
(2) DB 성능 및 유지보수성 확보를 위해 운영 DB 내 임시 테이블 등 불필요한 테이블을 제거하여 최적화된 DB 환경 구축이 필요함.	필수	단기		
〈시스템 구조〉				
(1) 보안지침서 비밀번호(암호) 관리 부분의 수정 및 시스템 적용이 필요하며, 사안에 따라 단기/장기적으로 구분한 개선책 마련을 권고함.	권고	장기	☐	☐

초급자를 위한 정보시스템 감리 실무 개정판

II. 과업 내용 이행 여부 점검 결과

다음 〈표 28〉 과업이행여부 점검 결과 집계표에서 기능은 사용자 업무를 지원하는 프로그래밍의 결과물로서 화면으로 나타내는 것을 의미하며 비기능은 사용자 로그 관리, 웹 폰트 제공, Open API 제공과 같이 응용 시스템 범위에 속한 것을 의미한다.

상기 집계표에서 부적합 부분은 사업 계약 종료 전까지 시정조치를 해야 하며, 점검 제외 요인이 유지보수계획서 등 감리 기간 중에 아직 도래하지 않은 일정과 관련된 비기능적인 요구 사항으로서 확인할 수 없는 사항들인 경우에는 시정조치 확인 기간에 점검을 다시 해야 한다.

1. 점검 현황

가. 과업 이행 여부 점검 대상 및 표본 추출

사업자가 제출한 요구사항추적표(검사기준서)의 요구 사항 중 감

---

4) 개선권고유형
　가. 필수: 발견된 문제점 중 사업 목표를 달성하기 위하여 반드시 개선해야 할 사항
　나. 협의: 발견된 문제점 또는 발생 가능성이 높은 문제점 중 발주자와 피감리인이 상호 협의를 거쳐 반영 여부를 결정할 수 있는 사항
　다. 권고: 감리의 대상 범위를 벗어나지만 사업 목표 달성에 도움이 되는 사항
5) 개선 시점
　가. 장기: 장기적인 관점에서 지속적으로 개선해야 하는 사항
　나. 단기: 감리 대상 사업의 해당 구축 단계 종료 이전에 개선해야 하는 사항
6) 중요도
　가. 중요: 개선권고사항 중 대상 사업의 목표 달성에 영향을 미칠 수 있는 중대한 사항

리 시점 기준으로 '완료' 건만을 점검 대상으로 한다.

<표 27> 과업이행여부 점검 대상 및 표본 추출 내역 표

점검 대상	점검 유형		점검 대상 물량		비고
	문서 검토	테스트	전수	샘플	
사업관리 및 품질보증활동	○		○		
응용 시스템	○	○	○		
데이터베이스	○		○		
시스템 구조 및 보안	○		○		

나. 과업 유형에 따른 테스트 방법

요구 사항에 대해서는 사업자가 제출한 문서 검토와 인터뷰 및 테스트를 통해 점검한다.

2. 점검 결과

모 사업의 경우에 과업이행여부를 점검한 결과, 164개의 요구 사항 중 150개는 과업 이행이 적합한 것으로 확인되었고, 12개는 부적합 그리고 6개는 진행 중으로 점검 제외로 확인되었으며, 과업이행여부 점검 결과에 대한 집계는 아래 표와 같다.

<표 28> 종료 단계 과업이행여부 점검 결과 집계표

과업 업무 구분	기능 구분	점검계	적합	부적합	점검 제외	적합률
사업관리 및 품질보증활동	비기능	8	7	0	1	88%
응용 시스템	기능	54	50	4	0	93%
	비기능	10	9	0	1	90%
데이터베이스	비기능	3	3	0	0	100%
시스템구조/보안	비기능	7	6	0	1	86%
소계	기능	54	50	4	0	93%
	비기능	28	25	4	3	89%
총계		164	150	12	6	91%

3. 세부 점검 내역

　세부 점검 내역은 각 감리 영역별로 작성하며, 점검 개수는 앞
에 <표 28> 종료 단계 과업이행여부 점검 결과 집계표와 일치해
야 한다. 이 세부점검내역표는 사업자가 설계 단계부터 작성을 하
는 것으로써 종료 단계에 이행 여부 점검은 감리원이 적·부 판정
과 관련 증빙을 첨부한다. 관련 증빙은 적합과 부적합, 점검 제외
를 모두 첨부한다.

가. 사업관리 및 품질보증활동(일부 예시)

요구 사항 ID	요구 사항명	완료보고서		이행여부점검	
		검사 기준	완료 여부	적·부 판정	관련 증빙(첨부)
QUR- 440-05	요구 사항 검증 방안	요구 사항 추적 매트릭스 내용이 확인되면 적합 품질보증계획서 내용이 확인되면 적합	완료	적합	QUR-440- 05-1 QUR-440- 05-2
COR- 450-06	EA 준수 및 표준산출물	정보화사업관리시스템 (IPMS)에 산출물 등록이 확인되면 적합	완료	적합	COR-450- 06
PMR- 460-01	사업수행계 획서 작성	사업수행계획서에 요구 사항의 내용이 확인되면 적합	완료	적합	PMR-460- 01
PMR- 460-02	품질보증	품질보증계획서 내용이 확인되면 적합	완료	적합	PMR-460- 02
PMR- 460-03	형상관리 방안	품질관리계획서에 내용이 확인되면 적합	완료	적합	PMR-460- 03
PSR- 470-01	사용자, 운영자 교육 실시	교육계획서 내용이 확인되 면 적합	완료	적합	PSR-470- 01

초급자를 위한 정보시스템 감리 실무 개정판

나. 응용 시스템(일부 예시)

| 요구 사항 ID | 요구 사항명 | 완료보고서 | | 이행여부점검 | |
		검사 기준	완료 여부	적·부 판정	관련 증빙(첨부)
APP-REQ-110-01	○○발생시 스템 서비스 확대	○○ 대상 지점 관리에서 ○○aws지점 중에 서리 대상 지점을 선택하고 ○○ 정보를 선택하여 등록하고, 수정, 삭제 기능을 확인한다	완료	적합	APP-REQ-110-01-01/02/03/04
APP-REQ-120-02	○○ 발생 예측 품목 5 과종	○○관리에서 과수 5종이 표시되는지 확인	완료	적합	APP-REQ-120-02
APP-REQ-120-03	○○ 발생 선정 지점 등록, 수정, 삭제	○○ 예측 대상 지점이 등록, 수정, 삭제되는지 확인	완료	적합	APP-REQ-120-03-01/02/03/04
APP-REQ-120-04	전국○○ 발생 예측할 수 있는 알고리즘 적용	(APP-REQ-120-12) ○○ 예측 정보 표시와 검사 방법 동일	완료	적합	APP-REQ-120-04

다. 데이터베이스/DB 리모델링(일부 예시)

요구 사항 ID	요구 사항명	완료보고서		이행여부점검	
		검사 기준	완료 여부	적·부 판정	관련 증빙(첨부)
DTR-REQ-310-01	자료 이관	데이터 이관 대상 테이블에 대하여 원천 데이터 건수와 이관 결과 데이터 건수를 비교하여 결과 데이터가 같거나 많으면 적합 - 시간이 지남에 따라 데이터가 증가하는 테이블이 있음	완료	적합	DTR-REQ-310-01
DTR-REQ-320-01	○○ 서비스 DB 표준 적용	○○청 표준 용어 적용 여부(단, 표준 용어에 없는 것은 도메인 및 표준 단어를 기초로 하여 추가로 정리)	완료	적합	DTR-REQ-320-01
DTR-REQ-330-01	○○서비스 DB 정규화	제1정규화 적용 여부 제2정규화 적용 여부 제3정규화 적용 여부	완료	적합	DTR-REQ-330-01

라. 시스템구조/보안(일부 예시)

요구 사항 ID	요구 사항명	완료보고서		이행여부점검	
		검사 기준	완료 여부	적·부 판정	관련 증빙(첨부)
ARC-400-01	질의 응답 시간	응답 시간 점검 결과표 확인 성능 테스트 대상 프로그램의 응답시간 확인	완료	적합	○○사이트 성능 테스트_20131114.xlsx
SER-430-05	보안취약성 점검 및 조치	보안 점검 Tool 을 검사 결과 또는 00청 보안팀에게 점검한 결과에 대하여 조치한 내용을 확인	완료	적합	Q102_○○정보서비스개선 (구현-시험단계) 품질평가 조치결과서.hwp
COR-450-05	기술표준 준수	기술적용계획표, 기술적용결과표의 내용 확인	완료	적합	기술적용결과표_○○기상.hwp
PSR-470-06	장애관리 및 백업	유지보수계획서 내용이 확인되면 적합	진행 중	점검 제외	-

III. 감리 영역별 점검 결과

사업관리 및 품질보증활동 등 감리 영역별 점검 결과는 점검 항목별 점검 결과를 제시하는 것이다. 이것이 앞서 기술한 감리 영역별 과업 내용 이행 여부와 다른 점은 각 감리 영역별 품질 결함을 도출하고 이에 대해서 개선 방향을 제사하는 것이다. 앞서 기술한 감리 영역별 과업 내용 이행 여부 점검은 요구 사항 위주로 점검을 하는 것과 다른 것이다. 즉, 과업 내용 이행 여부 점검은 과업의 범위에 대한 충족성을 점검하는 것이고 지금 하고자 하는 감리 영역별 점검은 감리 영역에 대한 품질의 완전성을 다루는 것이 다르다고 할 수 있다. 이것을 표로 표현하면 다음과 같다.

<표 29> II. 감리 영역별 과업 내용 이행 여부 점검과 III. 감리 영역별 점검의 차이점

구분	II. 감리 영역별 과업 내용 이행 여부 점검	III. 감리 영역별 점검
점검 관점	요구 사항 충족성	시스템 품질의 완전성
감리 대상 산출물	검사기준서	산출물 전체, 구현된 시스템
감리 결과 의견 제시	적합, 부적합, 점검 제외	필수, 단기, 발주기관 협조
감리보고서 기술 방법	검사기준서에 적·부판정 제시, 증적 제시	상세 점검 결과 기술 •제목(꼭지) •현황 및 문제점 •개선 방향 •증적

작성 방법은 감리 영역(사업관리 및 품질보증활동 등)별로 '가. 점검 항목별 점검 결과'와 '나. 상세점검 결과'로 나누어서 작성한다. 점검 항목은 〈표 18〉 종료 단계 사업관리 부문부터 〈표 25〉 종료

단계 정보시스템의 구축 운영 기술 지침 적용까지 참고하며 점검 과정에서 기존에 점검 항목에 해당하지 않은 새로운 품질 결함 상태가 발견된 경우에는 점검 항목을 추가할 수 있다. 추가된 점검 항목은 상세 점검 항목의 구성에 반영하면 된다.

아래 점검 항목별 점검 결과 표에 상세 점검 결과란에 번호는 그 아래 '나. 상세 점검 결과에 기술한 제목(꼭지)', 〈현황 및 문제점〉, 〈개선 방향〉 중에 제목(꼭지)에 번호를 의미한다.

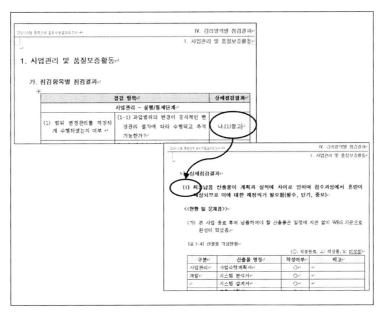

[그림 19] 그림 종료 단계 상세 점검 결과 참고 번호 관계도

■ 사업관리 및 품질보증활동 영역 점검 결과

가. 점검 항목별 점검 결과(일부 예시)

점검 항목		상세 점검 결과
사업관리 - 실행/통제 단계		
(1) 범위 변경 관리를 적정하게 수행하였는지 여부	(1-1) 과업 범위의 변경이 공식적인 변경관리 절차에 따라 수행되고 추적 가능한가?	나. (1) 참조
(2) 진척 관리를 적정하게 수행하였는지 여부	(2-1) 사업의 일정 등 진척 사항이 관리 및 통제되고 있는가?	-
(3) 인력 관리를 적정하게 수행하였는지 여부	(3-1) 사업 추진을 위한 투입 인력이 계획에 따라 관리되고 있는가?	-
사업관리 - 종료 단계		
(1) 사용자 요구 사항을 충분히 반영하였는지 여부	(1-1) 계약 사항과 사용자 요구 사항이 계약 종료 전에 모두 완료되었는가?	-
	(1-2) 완료된 사업 범위에 대한 사용자의 공식 승인이 완료되었는가?	-
품질보증활동 - 시험 단계		
(1) 방법론 및 절차/표준의 준수 여부	(1-1) 방법론 및 관련 표준을 준수하고, 산출물이 적절하게 작성되었는가?	나. (1) 참조
(3) 사용자 요구 사항 및 관련 산출물 간의 추적성, 일관성	(3-1) 구현된 시스템에서 기능적/비기능적 사용자요구사항이 추적 가능한가?	-
품질보증활동 - 전개 단계		
(1) 방법론 및 절차/표준의 준수 여부	(1-1) 방법론 및 관련 표준을 준수하고, 산출물이 적절하게 작성되었는가?	나. (1) 참조
(2) 사용자 교육을 적정하게 실시하였는지 여부	(2-1) 사용자 및 운영자를 대상으로 한 교육이 적절하게 이루어졌는가?	-

초급자를 위한 정보시스템 감리 실무 개정판

나. 상세 점검 결과

상세 점검 결과는 검토한 산출물에 품질 결함이 발견된 경우에 제목(꼭지), <현황 및 문제점>, <개선 방향>을 기술한다.

(1) 최종납품 산출물이 계획과 실적에 차이로 인하여 검수과정에서 혼란이 예상되므로 이에 대한 재정의가 필요함(필수, 단기, 중요)

<<현황 및 문제점>>

(나) 납품하여야 할 산출물의 명칭에 일관성이 부족하여 향후 검수단계에서 혼란을 야기시킬 수 있으므로 이에 대한 보완이 필요함

[그림 1-1] 개발산출물 적용 계획표

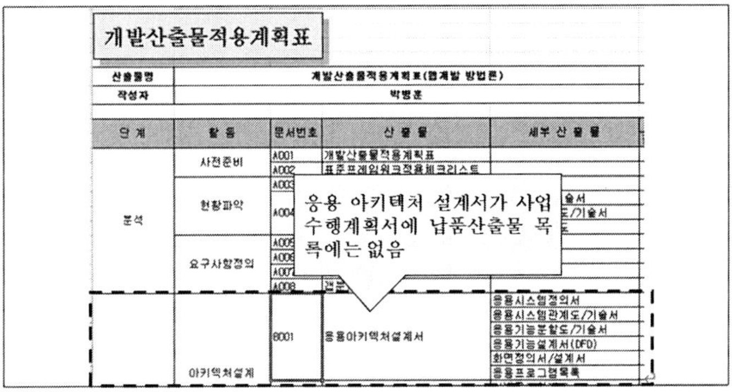

(다) 방법론을 테일러링하여 사용하는 개발산출물 적용 계획표에 표기된 응용아키텍처 설계서가 사업수행계획서에 납품산출물 목록에는 없음

[그림 20] 사업관리 현황 및 문제점 증적 사례

상기에 기술한 현황 및 문제점을 해결하기 위한 개선 방향은 개선의 초점이 흐려지지 않도록 아래와 같이 명확하고 짧게 기술한다. 이렇게 해야만 추후에 시정조치 확인 과정에서 이슈가 생기지 않기 때문이다.

<<개선방향>>

(가) 검수를 위하여 납품하여야 할 산출물을 재정의 하여야 함

(나) 산출물의 명칭을 사업수행 계획서와 일치시켜야 함

[그림 21] 사업관리 부문 발견된 문제점에 대한 개선 방향 제시 사례

■ 응용 시스템 영역 점검 결과

응용 시스템의 점검은 통합테스트 등과 같은 기능테스트와 제반 문서를 점검 항목별로 검토하고 발견된 결함에 대해서 그 내용을 기술하고 개선을 권고한다.

가. 점검 항목별 점검 결과(일부 예시)

점검 항목	검토 항목	상세점검 결과
<<구현 단계>>		
1. 업무 기능 구현의 충분성, 완전성	1. 업무의 흐름에 따라 각 기능이 정확하게 구현되었는가?	나. (1)번 참조
2. 사용자 인터페이스가 편의성을 확보할 수 있도록 구현되었는지 여부	1. 사용자 인터페이스가 편리하게 구현되었는가?	나. (1)번 참조
3. 내·외부 시스템 인터페이스 구현의 충분성, 완전성	1. 내·외부 시스템 인터페이스가 정확하게 구현되었는가?	-

《《시험 단계》》		
1. 시험 환경을 충분하게 구축하였는지 여부	1. 시험 환경이 실제 운영 환경을 반영하여 구축되고 시험 준비가 완료되었는가?	-
2. 통합시험 실시 및 검증을 적정하게 수행하였는지 여부	1. 통합시험이 계획에 따라 적정하게 실시되었는가?	나. (1)번 참조
	2. 통합시험을 통해 내·외부 시스템 간의 연계 및 구현된 시스템 간의 기능 완전성과 데이터 무결성이 확보되었는가?	-
《《전개 단계》》		
1. 운영 환경의 설치 및 배포를 완전하게 수행하였는지 여부	1. 시스템을 운영하는 데 필요한 모든 하드웨어와 소프트웨어, 구현된 응용 시스템이 완전하게 설치/배포되었는가?	-
2. 초기 데이터 구축 및 데이터 전환/검증을 적정하게 수행하였는지 여부	1. 초기 데이터 구축과 데이터 전환이 적정하게 이루어지고 검증되었는가?	-

나. 상세점검 결과

(1) 구현한 시스템 중에 일부 프로그램에서 엑셀 내려 받기와 인쇄기능에서 오류가 발견되어 개선이 필요함. (필수, 단기)

《《현황 및 문제점》》

(가) 개발한 시스템의 프로그램 000 부문과 서비스기능 개선 부문을 검토결과, 구현한 시스템 중에 일부 프로그램에서 엑셀 내려 받기와 인쇄기능에서 오류가 발견됨.

⊞ [그림 2-2] 엑셀 내려 받기와 인쇄기능 사례

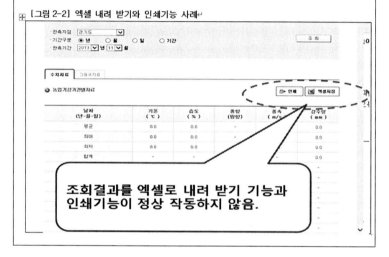

[그림 22] 응용 시스템 현황 및 문제점 증적 사례

《《개선방향》》

(가) 아래와 같이 발견된 기능상의 오류에 대하여 프로그램을 수정하여 보완하여야 함.

- 엑셀 내려 받기와 인쇄기능 오류
- 00 발생예측 확대 오류
- 00 예측지점등록 화면 오류
- 00 임계치 관리 화면의 수정버튼 누락

[그림 23] 응용 시스템 부문 발견된 문제점에 대한 개선 방향 제시 사례

초급자를 위한 정보시스템 감리 실무 개정판

4. 데이터베이스 영역 점검 결과

가. 점검 항목별 점검 결과(일부 예시)

점검 항목		상세점검 결과
데이터베이스 - 구현 단계		
1. 데이터베이스 테이블 구현을 적정하게 수행하였는지 여부	(1-1) 테이블 설계에 따라 데이터베이스 테이블이 적정하게 구현되었는가?	나. (1), (3)번 참조
2. 데이터베이스 성능을 충분히 고려하여 구현하였는지 여부	(2-1) 성능을 고려하여 데이터베이스가 구현되었는가?	나. (2)번 참조
3. 데이터 접근 권한 및 통제를 정확하게 구현하였는지 여부	(3-1) 데이터에 대한 접근 권한 및 통제가 설계에 맞게 구현되었는가?	해당 없음
시험 활동 - 시험 단계		
1. 시험 환경을 충분하게 구축하였는지 여부	(1-1) 시험 환경이 실제 운영 환경을 반영하여 구축되고 시험 준비가 완료되었는가?	응용 영역 참조
2. 통합시험 실시 및 검증을 적정하게 수행하였는지 여부	(2-1) 통합시험이 계획에 따라 적정하게 실시되었는가?	응용 영역 참조
	(2-2) 통합시험을 통해 내·외부 시스템 간의 연계 및 구현된 시스템 간의 기능 완전성과 데이터 무결성이 확보되었는가?	응용 영역 참조
운영 준비 - 전개 단계		
1. 운영 환경의 설치 및 배포를 완전하게 수행하였는지 여부	(1-1) 시스템을 운영하는 데 필요한 모든 하드웨어와 소프트웨어, 구현된 응용 시스템이 완전하게 설치/배포되었는가?	해당 없음

점검 항목		상세점검 결과
2. 초기 데이터 구축 및 데이터 전환/검증을 적정하게 수행하였는지 여부	(2-1) 초기 데이터 구축과 데이터 전환이 적정하게 이루어지고 검증되었는가?	나. (4)번 참조
3. 사용자 인수시험을 수행하였는지 여부	(4-1) 사용자 인수시험을 통하여 최종 사용자의 승인을 획득하였는가?	시기 미도래

나. 상세점검 결과

(1) 테이블 설계서 대비 구현 DB 내 불일치한 참조 키와 도메인 정보를 재검토하고, 오류로 확인된 내용 보완이 필요함. (필수, 단기)

<<현황 및 문제점>>

(가) 데이터베이스 테이블을 점검한 결과, 참조관계 누락을 비롯해 불일치한 컬럼명, 데이터타입, NULL 값 등을 발견하였고, 관련 내용은 다음과 같음.

■ 점검 전제조건 #1: 운영 DB 와 개발서버의 DB 스키마가 동일하여 개발서버를 기준으로 점검하였음(단, 자료이관 결과는 운영서버를 기준으로 점검하였음).

[표 3-1] 테이블 설계서 대비 구현 DB 의 문제점 내역

번호	구분	문제점	비고
1	참조키	-테이블 설계서에 명시된 참조관계 미 적용	
2	도메인	-컬럼명(영문) 불일치	-8건
3		-컬럼명(한글) 불일치	-25건
4		-데이터 타입	-1건
5		-NULL 값 불일치	-4건

[표 3-2] 한글 컬럼명 대비 영문 컬럼명 불일치 사례

번호	테이블명	한글 컬럼명	컬럼명(영문)		비고
			테이블명세서	구현 DB	
1		점검대분류내용	CHCK_LCLAS_CN	CHCK_LCLAS_DTL	

[그림 24] 데이터베이스 현황 및 문제점 사례

발견된 문제점에 대해서는 아래와 같이 개선 방향을 제시한다.

<<개선방향>>

(가) <<현황 및 문제점>>을 참고하여 다음과 같이 개선권고 한 문제점을 재검토
하고 오류로 확인된 내용에 대한 보완이 필요함.

[표 3-6] 테이블 설계서 또는 구현 DB 내 문제점 보완 대상

번호	구분	보완 대상	비고
1	참조키	-테이블 설계서에 명시된 참조관계를 구현 DB에 추가 적용	
2	도메인	-불일치한 컬럼명(영문) 보완	-8건
3		-불일치한 컬럼명(한글) 보완	-25건
4		-불일치한 데이터 타입 보완	-1건
5		-불일치한 NULL 값 보완	-4건

[그림 25] 데이터베이스 개선 방향 제시 사례

4. 시스템 구조 및 보안 영역 점검 결과

가. 점검 항목별 점검 결과(일부 예시)

시스템 구조 및 보안 분야에 점검은 점검 항목대로 점검을 하되, 특히 기술적용결과표에 점검을 해야 한다.

점검 항목		상세점검 결과
시스템구조 - 구현 단계		
1. 시스템 도입/설치 및 보안 환경의 구축을 충분하게 수행하였는지 여부	(1-1) 시스템 도입 계획 및 설계에 따라 도입/설치되었는가?	N/A

점검 항목		상세점검 결과
2. 시스템 구성 요소에 대한 검증을 적정하게 수행하였는지 여부	(2-1) 시스템의 구성 요소에 대한 검증이 이루어졌는가?	N/A
3. 시스템 시험 계획을 적정하게 수립하였는지 여부	(3-1) 시스템 시험이 계획되었는가?	-
정보시스템의 구축/운영 기술 지침 적용		
4. 기술적용계획표와 기술 준수결과표 준수 여부	(4-1) 기술 준수결과표가 적합하게 작성되었는가?	별첨: 기술적용결과표

나. 상세 점검 결과

(1) 보안지침서 비밀번호(암호)관리 부분의 수정 및 시스템적용이 필요하며, 사안에 따라 단기/장기적으로 구분한 개선책 마련을 권고함. (권고, 장기, 발주기관협조필요)

<<현황 및 문제점>>

(가) OOO 시스템은 현재 업무담당자의 비밀번호(암호)를 생성하는 기준을 제시하지 않고 있어서 단순하고 추측이 가능한 비밀번호(암호)를 사용할 경우, 법령에서 규정한 안전한 비밀번호작성 요건을 충족하지 못하고 더 나아가서 보안취약점이 될 우려가 있음.

[그림 4-7] 비밀번호 작성규칙 및 변경주기 설정 기준예시

- 최소 10자리 이상 : 영대문자(A~Z, 26개), 영소문자(a~z, 26개), 숫자(0~9, 10개) 및 특수문자(32개) 중 2종류 이상으로 구성한 경우
- 최소 8자리 이상 : 영대문자(A~Z, 26개), 영소문자(a~z, 26개), 숫자(0~9, 10개) 및 특수문자(32개) 중 3종류 이상으로 구성한 경우

- 비밀번호의 주기적인 변경 : 비밀번호에 유효기간을 설정하고 적어도 6개월마다 변경함으로써 동일한 비밀번호를 장기간 사용하지 않는다.
- 동일한 비밀번호 사용 제한 : 2개의 비밀번호를 교대로 사용하지 않는다.

[그림 26] 시스템 보안 현황 및 문제점 사례

발견된 문제점에 대해서는 아래와 같이 개선 방향을 제시한다.

<<개선방향>>

(가) 비밀번호(암호) 관리는 단기적으로는 다음과 같이 적용할 것을 권고함.

- 시스템 로그인 화면에 안내문을 추가하여 업무담당자가 작성규칙에 부합하는 비밀번호(암호)로 변경
- 6개월 단위로 주기적인 갱신을 유도하도록 한다. 또한 이러한 내용을 보안지침서에 수록하고 사용자 교육 시에 적용한다.

(나) 장기적으로는 OO 정보시스템이 속하는 차상위 시스템의 고도화 혹은 리모델링 단계에서 적용이 가능한 방안;

- 시스템에 비밀번호(암호) 점검 알고리즘을 적용하여 생성기준에 미달하는 비밀번호(암호)는 재 생성하도록 구현
- 2개의 비밀번호(암호) 교대사용 금지방안 구현
- 일정 주기(예, 6개월) 단위로 비밀번호(암호)를 갱신하지 않는 ID에 대해서는 로그인 과정마다 갱신을 하도록 안내 메시지 표출

[그림 27] 시스템 보안 개선 방향 제시 사례

3. 세부 점검 결과

가. 기능 요구사항

요구사항 ID	요구사항명	검사기준	완료 여부	적/부 판정	관련 증빙[1]	비고
SFR-LMS-001_01	[공통] 데이터 가명화 처리 기능 개선	N/A	완료	적합	KEDI2021-7M-G-007_회의록_2022 0104_스쿨포 유인터뷰_잔여과업정리	
SFR-LMS-002_01	[공통] 설문조사 기능 개선	설문 조사 페이지에 정상적으로 접속되고, 그리드형 문항에서 모두 동일한 답변 선택 후 다음 문항 이동 시 "선택한 답변으로 제출 하시겠습니까?" 라는 Alert 창이 호출되고, 해당 Alert 창에서 확인 버튼 클릭 시 다음 문항으로 이동하면 적합	완료	적합	kedi-ut-survey-001-001	
SFR-LMS-002_02	[공통] 설문조사 기능 개선	답변 사용자 목록 팝업이 호출되고 문항별 응답한 참여자 정보가 정상적으로 출력되면 적합	완료	부적합	kedi-ut-surveyadm-003-031 kedi-ut-surveyadm-003-033	
SFR-		AHP 조사에 정상적으로 참여되고, 다음 1~2에 해당하는 기능이 정상적으로 동작하면 적합 1. 참여자별 결과보기 팝업에서 각			kedi-ut-ahpresearch-003-001 kedi-ut-ahpresearch-	

[그림 28] 종료 단계 감리보고서 사례(과업이행여부)

05.
시정조치확인 방법과
보고서 작성

각 단계 감리 이후에 진행하는 시정조치확인은 단계 감리 과정에서 발견된 문제점이나 개선이 필요한 사항에 대해 실제로 조치가 제대로 이루어졌는지를 확인하는 절차이다. 이 활동은 다음과 같은 목적과 특징이 있다.

- 감리 중 식별된 위험 요소나 취약점을 효과적으로 해결하였는지 검증
- 조직의 정보시스템 품질과 신뢰성 향상
- 발견된 문제점에 대한 적절한 대응 여부 확인
- 단순히 문제를 지적하는 것이 아니라, 실제 개선 여부를 확인하는 과정
- 시정조치 이행 상태와 그 결과를 종합적으로 평가
- 문제 해결의 완전성과 적절성을 검증
- 실제 조치 내용의 적절성과 완전성 평가

시정조치확인 방법

시정조치확인은 감리원이 단계 감리를 종료하고 해당 단계 감리 보고서에서 제시한 개선 방향에 대해서 해당 개발자는 그 개선 방향에 대한 시정조치계획서를 작성해서 감리원에게 제출하고, 감리원은 그 계획의 타당성을 검토하고 승인 여부를 결정한다.

개발자는 승인된 조치 계획에 따라서 시정조치(문서 혹은 시스템 보완)를 하고 그 결과를 감리원에게 통보한다. 감리원은 시정조치 확인 일정에 대해서 발주자, 개발자와 협의해서 결정하고 현장에 가서 시정조치 결과에 대한 확인을 하고 시정조치확인보고서를 발주자에 제출한다.

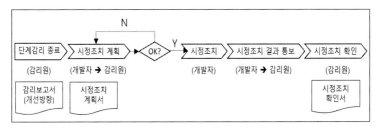

[그림 29] 시정조치확인 절차

05. 시정조치확인 방법과 보고서 작성

📖 시정조치확인 보고서 작성

　시정조치 확인 보고서는 확인 대상, 일정, 투입 감리원 등 확인 계획과 시정조치 확인 결과를 요약하고 각 감리 영역별로 개선 방향을 제시한 부분에 대한 조치 현황과 검토 결과를 제시한다.

　다음 [그림 30] 시정조치확인 보고서 목차와 주요 내용 구성도는 시정조치확인 계획에서부터 감리 영역별 시정조치확인 결과에 이르기까지 보고서 작성에 참고해야 할 목차와 내용을 요약해서 정리한 것이다.

보고서 목차	주요 내용
I. 시정조치 확인 계획	관련근거, 조치내역 확인대상, 시정조치 확인 일정, 투입인력 편성
II. 시정조치 확인 결과	전제조건, 종합의견, 감리영역별 의견, 감리영역별 시정조치 확인결과 요약, 감리영역별 시정조치 확인결과 종합
III. 과업이행여부 시정조치확인 결과	점검현황에 대해서 점검대상 및 표본추출, 과업유형에 따른 테스트 방법 제시, 점검결과는 종료단계감리에서 부적합 및 점검제외 상태였던 요구사항에 대하여 사업자가 시정 조치한 결과를 재점검하여 적합/부적합 판정한 결과를 제시
III. 감리영역별 시정조치 확인 결과	감리영역별 시정조치 확인 결과, 개선방향 대비 조치 수준 평가 • 조치현황 : 조치완료, 조치 중, 반영불가 • 검토결과 : 적정, 미흡, 해당 없음

[그림 30] 시정조치확인 보고서 목차와 내용 구성도

II. 시정조치확인 결과

1. 전제 조건

전제 조건은 단계 감리 보고서와 동일하게 아래와 같이 기술한다.

<table>
<tr><td>

1. 전제조건

본 조치내역 확인보고서는 조치확인요청 시에 제출된 문서 및 개발진행 된 시스템에 대해 결과를 확인하고 이후 수정 및 변경된 사항은 반영하지 않았습니다.
</td></tr>
</table>

[그림 31] 시정조치확인 보고서에 전제 조건 사례

2. 종합 의견

종합의견은 아래 [그림 32] 시정조치확인 보고서 종합 의견 사례와 같이 이전 단계감리에서 제시한 개선 권고사항에 대한 조치확인 전체 현황을 제시하고 각 감리 영역별 조치확인 상황을 요약해서 기술한다.

2. 종합의견

「차세대 OOO 시스템 구축 사업」사업의 설계단계 감리수행결과에 따라 시정조치 한 내역을 확인한 결과, 시정조치대상 28 건 중에서 26 건은 적정하게 시정조치가 완료되었으며, 2 건은 장기 개선권고사항으로 적정하게 조치 중임을 확인하였습니다.

구 분		필수개선	협의개선	권고사항	계	비고
개선권고사항		28			28	
조치 현황	조치완료	26			26	
	조치 중	2			2	
	반영불가					
검토 의견	적정	28			28	
	미흡					
	N/A					

각각의 감리영역별 시정조치확인결과를 요약하면 다음과 같습니다.

사업관리 및 품질보증활동 영역은 3 건의 개선권고사항 중에서 3 건은 모두 적정하게 조치완료 되었습니다.

응용시스템 및 데이터베이스 영역은 ①OOO 시스템, ②OO 산출 시스템, ③OO 평가 시스템, ④OO 위험관리/신용 OO 관리 시스템, ⑤OO 지원 시스템, ⑥DW 시스템으로 구분하여 점검하였습니다.

OOO 시스템 영역은 3 건의 개선권고사항 중에서 3 건 모두 적정하게 조치완료 되었습니다.

[그림 32] 시정조치확인 보고서 종합 의견 사례

III. 감리 영역별 시정조치 확인 결과

각 감리 영역별로 가. 항은 점검 항목별 시정조치 결과에 대해서 기술하고, 나. 항은 상세 시정조치 결과에 대해서 각 개선권고사항에 대한 조치 현황과 관련 증적을 제시한다.

조치 현황은 각 개선권고사항에 대하여 조치 완료, 조치 중, 반영 불가 중에 한가지로 판정을 하며, 이에 대한 검토 의견으로는 적정, 미흡, 해당 없음으로 제시한다.

조치 현황은 개발자가 제출한 조치내역서의 표시 내용에 따라 감리인의 검토 의견과 비교할 수 있도록 다음과 같이 표시한 사항이다.

- 조치 완료: 해당 개선권고사항에 대해 조치를 완료하였다고 표시한 사항
- 조치 중: 해당 개선권고사항에 대해 계획을 수립하고 조치 중이라고 표시한 사항
- 반영 불가: 해당 개선권고사항에 대해 피감리인과 발주자의 협의 및 의사 결정에 따라 조치하지 않기로 결정되었다고 표시한 사항

검토 결과는 감리수행결과보고서의 개선권고사항별로 조치 내역의 적정성을 검토하고 그 결과를 다음과 같은 기준에 따라 작

성함. 단, 추가적인 세부 검토 의견이 필요한 경우에는 "세부 검토 의견"에 별도 표시한다.

- 적   정: 해당 개선권고사항에 대해 적정하게 조치가 완료 되었거나 적정한 계획의 수립에 따라 양호하게 조치가 수행 되고 있는 경우
- 미   흡: 개선권고사항에 대해 특별한 사유 없이 조치가 완료되지 않았거나 미흡하게 조치된 경우
- 해당 없음: "반영 불가" 사항 또는 "권고" 사항으로 조치 내역 확인의 대상에서 제외된 경우

가. 점검항목별 시정조치 결과

점검항목별 시정조치 결과에 대해서 기술한다. 좌측에 개선권고사항, 개선유형, 개선 시점은 앞서 수행한 단계 감리에서 제시한 사항이다. 즉, 점검 항목은 개선권고사항이다.

1. 사업관리 및 품질보증활동

가. 점검항목별 시정조치 결과

각 개선권고 사항에 대한 조치확인

개선권고사항	개선유형	개선시점	시정조치결과서		조치확인 결과	
			조치현황	조치내역	검토의견	검토결과
(1) 과업대비표와 요구사항추적표를 점검한 결과, 요구사항 추적표에 요구사항이 일부 누락되었으므로 요구사항의 완전성과 추적성을 강화하기 위하여 요구사항추적표의 수정 보완이 필요함.	필수	단기	조치완료	-요구사항추적매트릭스 -요구사항검사기준서	나.(1) 참조	적정
(2) 요구사항의 정확성과 검증가능성을 강화하면서 향후 남은 기간 동안에 본 사업의 요구사항 이행여부에 대한 정확한 판단 기준이 되는 검사기준서의 작성이 필요함.	필수	장기	조치완료	-WBS	나.(2) 참조	적정

단계감리에서 제시한 개선권고 사항

[그림 33] 사업관리 및 품질보증활동 점검항목별 시정조치 결과 사례

나. 상세 시정조치 결과

감리 영역별로 점검항목별 시정조치 결과에 각 개선권고사항별로 개선 방향, 시정조치 확인 대상, 시정조치 결과를 기술하고 조치 관련 증적(문서, 화면 일부 등)을 삽입한다.

상세 시정조치 결과에서 기술한 "개선권고사항"은 앞서 진행한 단계감리에서 권고한 개선 방향을 그대로 기록한 것이며, 조치 확인은 이러한 개선 방향별로 그 조치 여부를 확인하는 것이다. 단

계 감리에서 제시한 모든 개선 방향은 시정조치 확인 과정에서 이렇게 전수 점검을 한다.

나. 상세 시정조치 결과

(1) 요구사항정의서를 기준으로 누락된 요구사항을 요구사항추적매트릭스와 요구사항검사기준서에 추가하여 반영하고, 반려(제외)된 요구사항에 대해서도 반영하여 적정하게 조치하였음. (조치완료, 적정)

<<개선방향>>

(가) 요구사항의 완전성과 추적성을 강화하기 위하여 요구사항정의서와 비교하여 누락된 요구사항을 요구사항추적매트릭스와 요구사항검사기준서에 추가하여 수정 보완이 필요함.

앞서 진행한 단계감리에서 권고한 개선방향

<<시정조치 확인대상>>

(가) 시정조치대상 산출물

- 요구사항추적매트릭스
- 요구사항검사기준서

<<시정조치 결과>>

(가) 요구사항정의서를 기준으로 누락된 요구사항을 요구사항추적매트릭스와 요구사항검사기준서에 추가하여 반영하고, 반려(제외)된 요구사항에 대해서도 반영하여 조치하였음.

[그림 1-1] 요구사항추적매트릭스-누락된 요구사항의 반영 예시

요구사항 추적매트릭스(IT 아키텍처)

요구사항 ID	요구사항 명	구분 (기능/비기능/인터페이스)	추적 대상 산출물	테스트케이스ID	비고
R-IA-Q-0018	[illegible]	비기능	[illegible]		
R-IA-Q-0019	DR서버 처리방안	비기능	[illegible]		
R-IA-I-0001	[illegible]				[illegible]

[그림 34] 상세 시정조치 결과 사례

상기에 [그림 34] 상세 시정조치 결과 사례는 사업관리 및 품질보증활동 영역의 사례이며, 다른 영역도 동일한 방법으로 개선 방향을 점검하고 그 상세 결과를 기술한다.

4. 감리영역별 시정조치확인결과 종합					
개선 권고사항	개선 유형	개선 시점	조치결과 확인		
			조치 현황[1]	검토 의견	검토 결과[2]
<<1. 사업관리 및 품질보증활동>>					
(1) 통합테스트 시 발견된 결함 보완 및 사용자 승인 테스트 활동을 비롯하여, 계획에 따른 잔여활동의 완수가 요구됨.	필수	단기	조치 완료	IV-1. (1) 참조	적정
(2) "사용자 승인테스트 성공률" 품질지표와 품질목표가 정의되어 사용자 승인테스트 시점에 활용되어야 하며, 진행중/작성예정 산출물의 완료가 요구됨.	필수	단기	조치 완료	IV-1. (2) 참조	적정
<<2. 응용시스템/데이터베이스>>					
(1) [민원인 통지 장애예방 체계 구축]은 통합테스트시 나리오에 최종결과 내용 기술이 필요하고, 운영자 매뉴얼 목차의 현행화가 필요함.	필수	단기	조치 완료	IV-2. (1) 참조	적정
(2) [피의자 개인정보보호를 위한 통지방식 개선]은 사용자매뉴얼 표지의 과제명 수정 보완과 일반 초보 사용자가 오퍼레이션을 용이하게 할 수 있도록 사용자매뉴얼의 세밀하고 정확한 작동법 설명 기술이 필요함.	필수	단기	조치 완료	IV-2. (2) 참조	적정

[그림 35] 종료 단계 감리 결과 시정조치 확인 결과 종합 사례

06.

감리 영역 및 주요 문서 점검

📖 사업관리 및 품질보증활동 영역

범위관리의 중요성

사업관리와 품질관리에 대해서 극단적으로 표현하자면 서로 상반된 성격의 업무라고 할 수 있다. 일정 내에 프로젝트를 납기 내에 끝마쳐야 하는 PM은 고객의 요구 사항 중에 기능적인 면에 완성도를 집중해야 하는 입장이다.

이에 반해서 품질보증활동은 고객이 요구하는 품질을 충족시키기 위하여 요구 분석 단계에서부터 점검과 확인 결과에 따라 발견된 결함에 대하여 보완 조치를 하도록 하는 업무이기 때문에 PM은 납기와 품질 사이에서 늘 갈등을 하게 마련이다. 하지만 그것들은 수행 방법과 강도의 차이는 있겠지만, 두 가지 모두 고객의 요구 사항에 대하여 충족성을 확보해야 한다는 측면에서는 동질의 업무라고 할 수 있다.

사업관리 및 품질보증활동 영역에 감리 중점 사항은 범위, 변경, 일정, 자원, 의사소통, 위험, 품질관리 등이다. 모든 사항이 중요하지만 특히 이 중 범위관리는 가장 중요하게 다루어야 할 사항이다. 왜냐하면 발주자의 당초 요구 사항은 시스템 개발을 진행하는 과정에서 지속적으로 변화를 하게 되며, 이러한 일들은 모두가 계약 사항에 포함되는 범위에 속하기 때문이다.

CHAOS Report(The Standish Group Reports)에 따르면 수십 년

전부터 최근까지 IT 프로젝트 실패 원인 중에 불완전한 요구 사항을 손꼽고 있다. 즉, 범위관리의 실패라고 할 수 있는 것이다.

범위관리의 핵심은 발주자의 요구 사항 관리이고, 이것은 사업 초기에 발주자의 불완전한 요구 사항을 점차 구체화하는 과정에서 왜곡이나 누락 없이 명확하게 관리하는 것을 의미하며, 궁극적으로는 사업 끝 무렵에 검수를 위한 검사기준서에 바탕이 되는 것이다.

범위의 기준은 사업 초기(계약 이후)에 제안요청서, 제안서, 기술협상서의 합집합이라고 할 수 있다. 사업은 여기서부터 출발하게 되며, 모든 일이 여기로부터 시작된다고 할 수 있다. 즉, 범위관리는 변경, 일정, 의사소통, 위험관리에도 영향을 미치게 된다. 범위관리에 대한 가장 좋은 점검 방법은 요구사항정의서, 요구사항추적표를 점검하는 것이다. 그런데 발주자의 요구 사항을 점검함에 있어서 간과하기 쉬운 부분이 바로 비기능 요구 사항이다. 간혹 요구 사항을 관리하는 문서에 정보시스템 기능 요구 사항만 관리하는 곳이 있다. 기능 요구 사항 이외에 서버 등 납품해야 할 기자재와 응답 속도 등 응용 프로그램 이외에 계약문건에서 요구하는 모든 요구 사항의 관리 상태를 점검해야 한다. 왜냐하면 요구사항정의서는 사업 종료 시점에서 과업이행여부 점검표(검사기준서)에 의하여 모든 요구 사항에 대한 충족 여부를 점검하는 기준이 되기 때문인 것이다.

특정 정보시스템을 개발함에 있어서 우리는 흔히 기술적인 부분에 많은 시간과 노력을 치중하게 된다. 하지만 통계상으로 사업 진행 중에 발생하는 많은 문제들 가운데 관리적인 부분에서도 적지 않다는 것을 알아야만 한다.

내가 근무한 회사에서 수행한 전체 감리사업(60개 사업 125회 정기 감리 수행)에 대하여 분석한 결과 사업관리 및 품질보증활동 분야에 결함 지적 건수가 전체 중에 24%를 차지했으며, 그 중에 범위관리와 일정관리 부문이 가장 많은 결함으로 지적되었다.

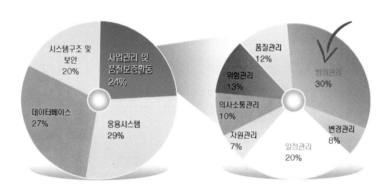

[그림 36] 감리 결과 결함 분포 및 사업관리 부문 세부 분포도

사업관리 부문의 결함은 공통적으로는 주로 부실한 요구 사항 관리 때문이며, IT 프로젝트의 실패는 사용자 정보의 부족, 불완전한 요구 사항, 요구 사항 변경 등 사용자의 요구 사항 관리에 관한 부분이 주요 원인(37%)으로 발표된 바가 있다(CHAOS Report).

이러한 문제는 기술적인 부분보다는 사용자의 요구 사항을 지

초급자를 위한 정보시스템 감리 실무 개정판

속적이고 체계적으로 관리하지 못하였기 때문에 발생되는 것이다. 따라서 사업관리 분야에 대한 점검은 요구 사항에 대한 점검과 관리 상태에 많은 시간과 노력을 기울여야만 한다.

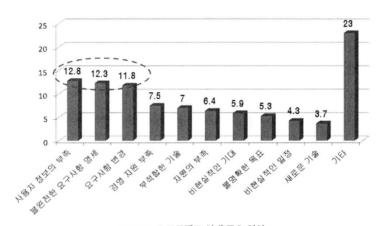

[그림 37] IT 프로젝트 실패 주요 원인

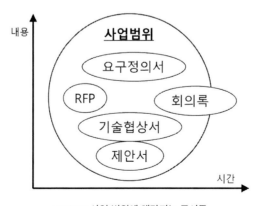

[그림 38] 사업 범위에 해당되는 문서들

06. 감리 영역 및 주요 문서 점검

특히 요구정의 단계에서 눈여겨봐야 할 것들 중 하나가 바로 회의록이다. 발주기관에 사용자와 요구 사항에 대한 토론 결과에 대하여 기록한 내용을 살펴보면 무리하게 요구된 내용이나 모호하게 정의된 내용들을 발견하게 된다. 이들을 분리하여서 요구 사항이 기능으로 구현될 수 있는지 여부와 개발자가 이것들을 수용하는지 여부를 명확하게 구분 지어서 요구사항정의서에 기술하고 있는지를 점검해야 한다.

만일 회의록에 미결 사항이나 추후 결정 사항이라고 기록된 내용이 있다면, 반드시 이를 확인해서 추후에 쟁점으로 발전하지 않게 미리 정리를 하도록 권고해야 한다.

회의록 혹은 면담기록서와 같은 것들은 요구정의 단계에서 가장 중요하게 다루어야 할 문서 중 하나로서 이를 간과하게 되면 구현 단계에서 이슈가 발생되는 것을 사전에 조율을 할 수가 없게 된다.

아래 회의록 사례를 보면 매우 상세하게 회의록이 작성되어 있었지만, 정작 요구사항정의서에는 이러한 내용이 전혀 반영되어 있지 못하다.

회의록(사례)

- DB작업(스캔)조사 소요예산이 안 나와 있음

- 스캔하여 표준(XML)으로 새로운 편집이 가능한가? 그래프, 도표, 사진이 인식 가능한가?

- 홈과 메뉴에 일목요연한 목록을 하나 넣어 년도별/사건별/사건유형별로 나타났으면 함.

- 시스템에서 위원 심의/의결 목록은 맞지 않음. 의결은 아님.

- 절차 중심보다 자료를 쉽게 사용할 수 있는 시스템으로 가야 함

[그림 39] 불완전한 회의록 사례

이러한 경우, 모범적인 회의록 작성 방법을 예로 들어서 개선 방향에 제시를 할 수 있다.

<표 30> 회의 결과에 대한 정리 사례 표

결정 사항	미결 사항
DB작업(스캔)조사 소요 예산 산출	그래프, 도표, 사진 등의 인식은 불가능
스캔하여 표준(XML)으로 새로운 편집이 가능토록 개발조치	
홈피 메뉴 목록 추가 개발	

향후 진행			
실행 내용	담당자	기한	비고
DB작업(스캔)조사 소요 예산 산출	홍길동1	2024.03.12.	요구사항추적표 및 WBS 즉시 반영
스캔하여 표준(XML)으로 새로운 편집이 가능토록 개발 조치	홍길동2	2024.04.15.	
홈피 메뉴 목록 추가 개발	홍길동3	2014.03.18.	

단계적으로 보면 요구정의 단계에서는 RFP, 제안서, 기술협상서 등 계약 초기의 요구 사항을 기반으로 기초 범위가 설정되며, 이것은 범위기술서 혹은 과업대비표라고도 한다. 이후에 발주자와의 면담과 회의를 진행하면서 발생하는 세부 요구 사항에 대하여 정리하게 되며, 이것을 요구사항정의서라고 한다.

간혹 개발 수행사의 방법론에 따라 작성되는 문서의 명칭과 내용이 감리 기준(행정안전부고시)과 다르다고 해서 고시를 따를 것을 개발 수행사에 요구하는 경우가 있는데, 나는 이것이 잘못된 것이라고 생각한다. 감리 기준은 감리를 하는 사람들이 참조할 사항이지 개발 수행사의 개발자가 준수할 의무 사항은 아니기 때문이다.

따라서 감리 기준에서 요구하는 과업대비표에 준하는 문서가 있는 경우, 이에 대한 적정성을 점검하면 되는데, 자칫하면 두 가지(과업대비표, 요구사항추적표 등) 모두를 작성하게 되어서 개발 수행사로 하여금 불필요한 부담을 갖게 하거나 혼란을 일으켜서는 안 된다. 가능한 상호 협의하에 둘 중 하나의 문서를 택하고, 내용은 감리 기준에 제시된 점검 항목을 관리하도록 하는 것이 좋다.

응용 시스템에서 구현해야 할 각 기능들은 이렇게 과업대비표 혹은 요구사항추적표를 기점으로 해서 요구사항정의서에 모두 표현이 된다고 할 수 있다. 요구사항정의서에는 단위 업무명, 요구 사항 ID, 요구 사항명, 중요도, 우선순위, 제약 사항, 출처, 수용 여부 등에 대하여 점검을 하게 되는데, 이때 응용 시스템의 경우 요구 기능에 대한 세분화 여부가 중요하다.

세분화라는 것은 당초의 요구 사항이 정의된 과업대비표에 기술된 내용이 포괄적이기 때문에 자칫 발주기관의 업무 담당자와 개발 수행사의 담당자가 서로 다르게 해석하거나, 오해가 될 수 있는 부분에 대하여 수행해야 할 기능적 범위에 대한 확정과 비기능적 요소에 대하여 상호 인식과 관리가 가능한 수준까지 구분을 하는 것이다.

따라서 과업대비표에 한 줄로 기술된 RFP 등의 요구 사항은 여러 개의 요구 ID로 구분하여 요구사항정의서에 표현될 수 있으므로 감리원은 이에 대한 적정성 여부를 점검해야 한다.

이렇게 작성된 요구사항정의서는 개발 종료 단계에서 요구사항 이행점검의 기초가 되므로 초기 작성은 물론 변화 과정까지 세밀하게 관리되고 있는지를 눈여겨보아야만 한다.

범위관리 점검은 요구 사항 추적관리로

사업 범위와 발주자의 요구 사항은 동일한 것이라고 할 수 있다. 그래서 범위관리를 잘하기 위해서는 요구 사항 관리가 중요하며, 요구 사항 추적관리는 프로젝트의 요구 사항을 체계적으로 정의, 문서화, 관리하고 변경 사항을 추적하는 프로세스이다. 이를 통해 고객의 요구 사항이 정확히 이해되고 개발 과정에서 빠짐없이 반영되도록 할 수 있다.

- 우리가 개발하는 모든 프로그램이 사용자의 요구 사항을 충족하였다고 무엇으로 보장을 할 것인가?
- 사용자가 자신의 요구 사항을 명확히 알거나 기억하고 있다고 생각하는가?

- 개발자는 사용자의 요구 사항을 명확히 알고 있는가?
- 사용자의 요구 사항이 충족되었고 누락, 왜곡이 없다는 것을 무엇으로 검증을 할 것인가?

 이러한 요구 사항 추적관리는 비단 우리나라뿐만 아니라 타 국가에서도 많이 적용하고 있다.

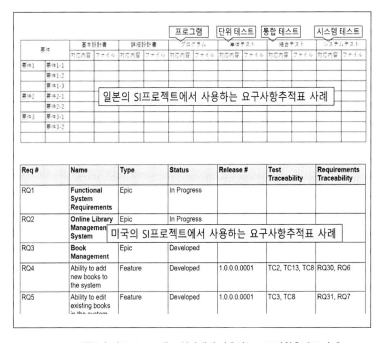

[그림 40] 일본과 미국 SI 프로젝트 현장에서 사용하는 요구사항추적표 사례

📖 검사기준서의 점검

검사기준서는 해당 사업의 완성 여부를 검증하기 위한 중요한 문서로, 발주자가 제시한 요구 사항이 적절하게 구현되었는지를 확인하는 기준을 제시하며, 이는 시스템의 기능적, 비기능적 요구 사항을 모두 포함한다. 이 문서는 개발자가 완료 여부까지 작성하고 감리원은 적부판정과 이와 관련된 증빙을 첨부한다.

요구사항ID	요구사항명	완료보고서		이행여부점검	
		검사기준	완료여부	적/부 판정	관련 증빙(첨부)
QUR-440-05	요구사항 검증 방안	요구사항 추적 매트릭스 내용이 확인되면 적합 품질보증 계획서 내용이 확인되면 적합	완료	적합	QUR-440-05-1 QUR-440-05-2
COR-450-06	EA 준수 및 표준산출물	정보화사업관리시스템(IPMS)에 산출물 등록이 확인되면 적합	완료	적합	COR-450-06
PMR-460-01	사업수행계획서 작성	사업수행계획서에 요구사항의 내용이 확인되면 적합	완료	부적합	PMR-460-01
PMR-460-02	품질보증	품질보증계획서 내용이 확인되면 적합	완료	적합	PMR-460-02
PMR-460-03	형상관리 방안	품질관리계획서에 내용이 확인되면 적합	완료	적합	PMR-460-03
PSR-470-01	사용자, 운영자 교육 실시	교육계획서 내용이 확인되면 적합	완료	적합	PSR-470-01
PSR-470-02	하자보수	유지보수계획서 내용 확인	진행중	점검제외	

개발자 작성 / 감리원 작성

[그림 41] 검사기준서 작성 항목과 작성 주체

점검 방법은 다음과 같다:

■ **사전 검토 단계**

- 요구사항정의서와 검사기준서의 연계성 확인

- 검사 항목의 완전성과 명확성 검토

- 검사 기준의 적절성 평가

■ **실제 점검 단계**

- 검사기준서에 명시된 각 항목별 테스트 케이스 수행

- 기능 요구 사항에 대한 단위 테스트, 통합 테스트 실시

- 성능, 보안 등 비기능 요구 사항에 대한 검증

■ **문서화 및 보고 단계**

- 검사 결과의 상세 기록

- 발견된 문제점과 개선 사항 도출

- 검사결과보고서 작성

■ **주요 점검 포인트:**

- 검사 항목의 누락 여부

- 각 항목별 판정 기준의 객관성

- 테스트 방법의 실현 가능성

- 요구 사항과 검사 항목 간의 추적성

- 검사 결과의 정량적 측정 가능성

■ **감리 시 중점 사항:**

- 개발 기간 동안 발주자의 요구 사항이 모두 반영되었는지 점검

- 테스트 방법과 판정 기준의 적절성 평가

- 검사 결과의 객관성과 신뢰성 확보

이러한 점검 과정을 통해 시스템의 품질을 확보하고, 프로젝트의 성공적인 완료를 지원할 수 있다.

부적합 판정을 받은 건에 대해서는 감리 기간 중에 보완 여부를 재점검해서 시정조치확인 보고서에 기록을 해서 발주자와 개발자에게 제출한다.

응용 시스템은 요구 기능 반영의 충분성과 안정성 점검

응용 시스템의 점검에 있어서 홈페이지와 같이 업무 프로세스 관리보다는 정보 제공이 목적인 경우에는 내용(콘텐츠) 위주의 점검이 되겠지만, 일반적으로 업무 처리를 지원하기 위한 정보시스템은 프로세스와 이를 지원하는 기능 점검이 가장 핵심이라고 할 수 있다. 그래서 응용 시스템은 정보시스템의 엔진이라고 할 수 있다.

간혹 점검해야 할 대상이 투입되는 자원(감리원, 기간 등)에 비하여 많은 경우 전문 점검 요원을 감리보조원으로 활용하기도 하고, 점검 대상 시스템이 업무전문가에 의한 점검이 필수적으로 필요한 경우에는 회계사 등의 자문을 받아서 점검하기도 한다.

공공기관이 지출 위주의 단식부기에서 대차대조의 복식부기로 바뀌면서 세법상 여러 가지 고려해야 할 사항들이 많이 생겼다. A공사의 경우, 정부기관에서 공기업형 공사로 전환된 후에 이와 관련된 업무를 정보시스템으로 개발을 하였고, 그 부분에 감리를 진행하면서 아무래도 회계전문가가 필요해서 회계사의 자문을 받으면서 시스템을 점검하였다.

그 결과, '법인세 관리에서는 공통 매입세의 안분정산에 의한 별도자산코드에 일률적인 내용 연수(6년)을 적용하여 계상함으로써 법인세 신고시 왜곡될 우려가 있음'이라는 의견이 나왔다. 회계와 세무 업무에 문외한인 나가 이 글을 어떻게 이해하겠는가? 발주기관의 회계담당자와 수차례 면담을 통해서 결국 프로세스와 이와 관련된 프로그램을 보완하기로 하였다.

그 회계사의 말에 의하면 부가가치세법에 대하여 공공기관(특히 기업형 공기업으로 전환된 지 얼마 되지 않은 기관)들이 복식 부기를 적용하면서 가끔 일으키는 오류라고 하면서, 이러한 경우, 공기업은 손익에 악영향을 미칠 수 있다고 하였다. 이래서 분야별로 전문가가 필요한 이유라고 할 수 있다.

설계 단계 점검의 핵심은 각종 설계서

설계 단계 말에서는 첫째, 분석 단계에서 작성된 각종 산출물과 설계 단계에서 작성된 산출물과의 정합성을 점검해야 한다. 기본적으로 요구사항추적표를 중심으로 점검을 시작해야 하며, 분석 단계 산출물과의 정합성 점검은 초기 요구 사항에 대한 분석 결과로 도출된 세부 기능이 각 설계서(구조도, 프로그램명세서, 화면명세서 등)의 이상 유무를 확인하는 것이다.

둘째, 분석과 설계 간 정합성에 이상이 없는 경우, 설계서 내부에 점검을 시작한다. 객체지향방법론으로 개발을 하는 사업이든 구조적개발방법론으로 개발을 하는 사업이든 결국은 기능 분해의 충분성과 구현할 프로그램의 구조정의에 대한 정합성을 점검하는 것이다. 외형적으로는 프로그램명세서와 프로그램정의서 간에 일치성(누락, 왜곡 여부)을 점검한다. 이때 엑셀의 'VLOOKUP' 기능은 매우 유용하게 사용할 수 있다. 이 함수는 목록 수준이든 내용 수준이든 많은 양의 산출물 간의 정합성을 점검하는 데 매우 편리하다.

셋째, 프로그램 설계서(프로그램 사양서 등)에 기술되어 있는 DB Table 및 Column에 대한 접근 내용에 대한 점검이다. 이 역시 엑셀의 'VLOOKUP' 함수를 활용하면 매우 유용하다. 이것의 점검 결과는 DB 분야에 감리 점검 영역에서도 재활용할 수 있다.

넷째, 프로그램 사양서 등과 같이 업무 절차와 데이터를 처리하는 설계서와 DB와의 정합성을 점검하는 것이다. 만일 CRUD Matrix table이 준비되어 있는 사업이면 그것을 토대로 점검을 하면 되지만, 객체 지향 방식으로 개발하는 대부분의 경우에는 그것을 기반으로 하지 않는 사업들이 더 많기 때문에 이것들에 대한 점검이 필수적이다.

다섯째, 최하위 기능과 화면설계서 간의 일치성 여부에 대한 점검이다. 대다수의 프로젝트에서 가장 어렵고, 문제가 많이 발생하는 부분이기도 하다. 프로그램사양서에 기술된 화면의 이름과 실제 설계된 화면과의 이름이 같지 않은 경우를 발견할 수 있다. 물론 하나의 기능을 구현하기 위하여 여러 개의 화면으로 설계하는 경우도 있고 여러 개의 기능을 한 화면에서 지원이 가능하도록 설계하는 경우도 있지만, 어떠한 경우든 상호 추적성이 보장되는지를 점검해야 한다. 기능 설계는 되어 있지만 화면까지의 설계가 누락 혹은 왜곡된 경우, 기능 설계의 근거가 없이 화면이 설계된 경우 등을 점검하는 것이다. 이 부분에 문제를 간과하는 경우 해당 사업의 요구 사항 충족도를 가름하기 어렵고, 향후에 운영 및 유지 보수를 수행할 때에 많은 어려움이 발생하기 때문이다.

여섯째, 설계 자동화 도구(CASE[7] : Computer-Aided Software Engineering)를 활용하는 사업의 경우에 화면설계서와 기능설계서 (프로그램 사양서 등) 간에 정합성을 특히 주의 깊게 점검해야 한다. 대다수의 자동화 도구는 분석에서부터 기능 구현까지 지원을 하지만, 우리나라는 대부분 설계 단계까지만 활용하고 있다. 이러한 경우 문제는 화면설계서와 기능설계서(프로그램 사양서 등)와의 일치성 보장이 어렵다는 것이다. 처음에는 당연히 일치하겠지만, 화면의 구성이 바뀌는 경우에 이를 다시 역으로 자동화 도구에 반영하기란 여간 어려운 것이 아니기 때문이다. 즉, 기능 설계부터 다시 해야만 하는데 우리나라 IT 프로젝트는 그러한 절차를 따라서 개발을 할 만큼 평소 훈련이 되어 있지 못하고, 짧은 시간에 많은 일을 해야 하기 때문에 그럴 만한 시간적 여유가 없다. 따라

---

7)   CASE Tool 제품군(IBM Rational Rose, Visual Paradigm, Enterprise Architect, Power Designer 등)

06. 감리 영역 및 주요 문서 점검

서 그러한 자동화 도구를 활용하는 사업의 경우에는 특히 화면설계서와 기능설계서 간에 일치성 점검이 필요한 것이다.

응용 시스템의 기능 점검 범위 설정

점검해야 할 응용 시스템 기능이 너무 많아서 제한된 시간에 비하여 부족하다고 판단이 되었을 경우에는 두 가지로 나누어서 점검을 할 것을 권유하고 싶다.

우선은 해당 업무에 직접적으로 영향을 미치는 입력, 수정, 삭제의 기능을 가진 프로그램부터 점검을 하고 조회 기능은 나중에 점검을 하는 방법이 있고, 그조차도 감당하기 어려운 양이라면 표본 추출을 해서 점검을 하는 방법도 있다. 표본 추출 범위는 정해진 것은 없지만 가능한 10% 이상을 해야 의미 있는 점검이라고 할 수 있다.

통합테스트 단계에서의 프로그램 점검

응용 시스템에 감리 영역을 감리원별로 배정을 할 때 일반적으로 업무 영역 단위로 배정을 하게 되는데, 일부는 횡적으로 프로세스를 점검하는 사람이 필요할 때가 있다. 특히 통합테스트 단계에서의 감리 점검은 더욱더 그러한 편성을 필요로 한다.

인사, 회계, 관리, 구매, 설비, 공사 등의 업무에 대한 정보시스템 개발의 경우 각각의 업무영역별로 감리 영역을 각각의 감리원에게 할당을 하면 개발자와 동일한 영역 수준에서 품질을 검토하게 되는데, 단위테스트 단계에서는 이러한 영역 할당에 별다른 문제가 없지만 통합테스트 단계에서는 업무 영역 간 소통되는 정보의 정확성에 주의를 기울여야 하기 때문에 각 업무 영역을 가로질러서 업무 흐름에 따라 품질을 검토하는 것이 한층 더 중요하다고 할 수 있다.

앞서 잠깐 제시했던 업무를 흐름 위주로 본다면 구매 요청 → 자재 입고 확인 → 품질 판정 → 대금 청구 → 전표 발행 → 대금 지급 → 결산 등의 순으로 횡적 점검이 필요하다는 뜻이다. 이러한 정보의 횡적 흐름에 대한 검증을 독립 감리 영역을 맡은 사람이 하기에는 무리가 있다.

이러한 횡적 흐름에 점검이 필요한 이유는 각 개발자들은 대부분 자신이 맡은 특정 업무 영역의 기능 개발에 대해서는 무리 없이 개발을 진행하지만, 다른 업무 영역과의 연계가 필요한 경우에 간혹 오류가 생기기 때문이다.

따라서 인사관리시스템 등 단위 업무 영역 단위에 감리 영역을 맡은 감리원 이외에 프로세스를 전담하는 감리원이 필요하다.

물론 개발자들도 이러한 테스트를 하겠지만 감리 입장에서는 개발자의 테스트 결과를 참조를 하고 정상적인 정보의 흐름과 비

정상적인 예외의 경우도 모두 고려를 해서 점검을 하는 것이 좋다
고 생각한다.

📖 DB는 관계성 점검에서부터 자료 이관까지

데이터베이스 부문은 크게 통합ERD에 대한 점검과 개별 테이블로 나누어서 점검을 할 수 있다.

첫째, 통합ERD는 전체 물리 테이블 간 관계성을 점검하는 것으로써, 이론적으로는 정규화 과정을 점검해야 하지만 반복, 부분종속성까지는 품질 점검을 해야 한다. 그런데 이행종속성부터는 식별이 쉽지 않다. 물론 관계성을 나타내는 모형을 보고 추정은 가능하겠지만, 업무 처리 규칙과 영역, 속성 등을 명확하게 알고 있지 않으면 판단에 어려움이 있다는 뜻이다.

둘째, 각 개별 물리테이블에 대한 점검이다. 각 Table에 정의된 Column에 속성의 정합성을 점검하는 것이다. 이때에도 엑셀의 'VLOOKUP' 함수를 매우 유용하게 사용할 수 있다. 컬럼의 명칭, 속성 등에 대하여 타 테이블과의 관계성(중복, 상이 등)과 메타DB 관리 시스템이 있는 경우 표준 준수성 여부를 손쉽게 점검을 할 수 있다.

셋째, 구현 단계에서는 각 테이블의 초기 설정치가 적정한지를 점검해야 한다. 대부분의 경우 초기 설정값과 증분값을 벤더가 제공하는 default값으로 설정을 하기 때문에 시스템을 오픈하고 나서 불과 며칠 만에 해당 테이블이 지속적으로 저장 공간을 증가시키는 탓에 응답 속도가 급격하게 저하되는 경우가 발생한다.

넷째, 구 자료의 이관 점검이다. 새로운 시스템에 과거 시스템에서 활용되던 데이터를 이관해야 하는 경우에는 각 이관 자료에 대한 양측의 점검을 해야 하고, 최종 이관 시에는 시간이 충분한지를 점검해야 한다. 대부분의 경우, 데이터 이관은 최종 시스템 오픈 전에 수행하게 되는데, 간혹 문제가 생기는 경우 이를 다시 되돌리는 데 예상치 못한 시간이 경과해서 새로운 시스템을 오픈하는 것은 고사하고 기존에 운영 중이던 시스템조차 다시 원상 복구를 하는데도 지장을 초래하기 때문이다. 특히 테이블이 많은 경우 이러한 문제를 고려해야 한다.

DB는 NIA에서 제공하는 점검 항목과 검토 항목을 기준으로 점검하면 되지만, 아래와 같은 관점으로 점검한다.

■ 데이터 모델링 적정성
- 업무 요구 사항과 데이터 모델의 일치성 검토
- 개체 무결성 (Entity Integrity)
- 참조 무결성 (Referential Integrity)
- 도메인 무결성 (Domain Integrity)
- 정규화 수준의 적절성 확인
- 엔티티/속성 정의의 명확성
- 관계 및 제약 조건의 적절성
- 데이터 표준 준수 여부

■ **성능 최적화**

- 인덱스 설계 및 구현의 적절성

- 테이블스페이스 구성

- 데이터 보안

- 접근 권한 설정의 적절성

- 감사 로그 설정

- 백업 및 복구 방안

- 데이터 품질

- 데이터 정합성 검증

- 마스터 데이터 관리 체계

- 코드 표준화 준수

- 데이터 중복 여부

- 참조 무결성 준수

■ **점검 방법**

- 문서 검토

- 데이터 모델링 산출물

- DB 설계서

- 테이블 정의서

- 쿼리 튜닝 보고서

- 보안 정책 문서

■ 주요 산출물 점검

 - 테이블 정의서

 - ERD(Entity Relationship Diagram)

 - 인덱스 설계서

 - SQL 튜닝 보고서

 - 성능 테스트 계획서, 결과서

 - 보안 정책 문서

 - 운영 매뉴얼

📖 시스템 구조 및 보안 영역의 점검

우리나라에 정보시스템 감리가 공식적으로 시작되던 2000년에는 정보시스템 보안분야가 극히 제한적이었던 것에 비하여 최근에 보안 부문은 점점 더 기술적으로 세분화가 되어서 별도의 영역으로 점검을 하는 경우가 많이 생겼다. 개인정보영향평가 등이 그것이라고 할 수 있으나, 정보시스템 감리제도 안에서의 보안점검 분야는 당초에 정하여진 점검항목이 큰 변화 없이 지속되고 있다고 할 수 있다.

시스템 구조 부문의 점검 방법에 대하여

시스템 구조 분야의 감리 업무 수행에는 두 가지 고려 사항이 있다. 첫째는 시스템구조정의의 확정 시점에 대한 것이다. 시스템의 규모 등 구조를 정의하기 위해서는 사용자의 요구 분석을 하고 설계도가 확정되어야만 규모를 산정할 수 있는 데 반하여 우리나라는 공공이나 기업이나 대부분 초기(제안 요구)에 이것들이 확정되어서 발주가 나간다. 이러다 보니 설계 결과에 따라서 시스템 규모를 결정하지 못하고 이미 정해진 시스템의 규모에 따라서 설계서를 다시 수정해야 하는 해프닝이 벌어지기도 한다. 둘째는 시스템 구조의 품질을 점검할 수 있는 전문 감리원의 숫자가 절대적으로 부족하다는 것이다. 대부분의 IT 조직은 90% 이상이 응용 프로그래머로 구성이 되다 보니까 자연히 시스템의 구조를 설계하고 운영하던 경험적 지식을 가진 인력은 부족할 수밖에 없다.

어쨌든 이러한 감리 제약 사항을 고려해서 정보시스템 구조에 대한 품질은 어떻게 측정할 것인가에 대하여 논해 보기로 하자.

첫째, 요구된 물량에 대한 점검이다. 하드웨어, 소프트웨어, 네트워크 등에 요구된 각종 장비에 대하여 납품 예정인 것들이 당초의 사양과 물량에 일치하는지를 파악하는 것이다.

둘째, 각 구성 요소 간 연결에 문제가 없는지 세부 사양을 검토하는 것이다. 간혹 서버에 광콘넥터가 없는데, 네트워크 장비는 광콘넥터만 지원이 가능한 경우가 있기 때문이다. 때로는 네트워크 장비 간에 연결이 불가능한 사례도 있다. 중간에 스위치 장비가 광콘넥터가 없는 경우가 있기 때문이었다.

셋째, 설계 단계 말에는 서버나 네트워크의 구성에 대한 용량 검증을 해야 한다. 이는 한국정보화진흥원에서 발표한 용량 산정 기준을 토대로 점검을 할 수 있다. 물론 다분히 이론적이기는 하지만, 서로가 공감할 수 있는 기준점으로 활용하기에는 충분하다. 용량이 턱없이 부족하게 산정된 경우에는 감리보고서의 개선 방향에 향후(이번 프로젝트 종료 이후)에 속히 보완할 것을 권고해야만 한다.

넷째, 소프트웨어 구성품 간에 정합성을 검토하는 것이다. 예를 들어서, WAS와 DBMS 간에 연결되는 Buffer가 충분한지 등이다.

확장성에 대한 점검도 필수적이다.

다섯째, 구현 단계에서 설치된 각종 구성품에 대한 점검이다. 서버 등 하드웨어 제품들은 제품의 외관에 붙어 있는 모델명, 제조 일자를 확인하고, 소프트웨어는 형상일자(Version No) 등을 기록하거나 사진으로 증적을 확보한다. 공공사업에서 발주하는 제품에 대하여 턱없이 가격이 낮게 납품하는 경우, 구형 모델인 경우가 가끔 있기 때문이다.

서버 등의 경우 당초에 제안 요구 사항의 규격에 맞도록 확장성 (CPU, Memory 등)이 보장되는 제품인지도 확인해야 한다.

시스템 보안 부문의 점검 방법에 대하여

정보시스템에 관련된 보안 사고가 점차 사회적으로 이슈가 되면서 이 부문에 대한 점검이 점차 어려울 정도로 업무 범위와 깊이가 넓어지거나 깊어지고 있다.

첫째, 해당 사업에 대한 보안규정이 있는지를 살펴보고 이에 대한 준수 여부를 점검한다.

둘째, 사용자 권한에 대한 설계의 적정성을 점검한다.

셋째, 감리 요구 사항에 포함된 경우, 프로그램 소스에 대한 점검을 수행한다(secure coding 등). 이 경우에는 유관으로 점검이 불가능하므로 관련 tool를 사용해야 한다.

넷째, 일반적으로는 WASP(Open Web Application Security Project)에서 매년 발표를 하는 TOP 10을 중심으로 웹 취약점을 점검한다. 위협 및 취약점 분석 역시 마찬가지로 해당 점검 전문 tool을 사용해야 한다.

📖 ERP 프로젝트의 특성과 감리 중점 사항

ERP, 즉 ERP 패키지 구축에 대한 감리는 결국 패키지 도입에 대한 감리 방법과 별로 다른 것이 없기는 하지만 대형 ERP 패키지의 경우에는 도입 방식이 크게 두 가지가 있다고 할 수 있고, 주요 점검 요소는 세 가지가 있다.

첫째는 ERP 패키지를 도입하여 현재 수행 중인 업무의 절차를 그 패키지에 맞도록 변형하거나 패키지를 업무의 절차에 맞도록 교정하는 방법이 있고(일명 ERP Driven 방식), 두 번째는 ERP 패키지를 도입하기 전에 관련 업무 전반에 걸쳐서 절차와 기준 등에 대한 변화를 꾀하는 PI 컨설팅을 통하여 업무 처리 절차와 기준 등을 재정립한 후에 도입하고자 하는 ERP 패키지와의 부합성을 검토하고 이를 적용시키는 방법이 있다(일명 PI Driven 방식).

첫 번째 방법은 기존에 패키지 도입 방법과 동일하게 점검을 하면 되지만, 두 번째 방식은 PI 컨설팅 부분에 대한 점검을 우선 해야 하는데, 감리 지침에 이 부분이 없으므로 내용에 따라서는 ISP나 EA의 감리점검표에서 일부분을 변형해서 적용해야 한다.

PI Driven 방식에서 중요한 점검 사항은, 첫째, 분석 결과 정립된 목표프로세스의 적용 가능성과 KPI의 적정성에 대한 부분이다. 기존의 업무 절차나 기준을 개선하여 설계된 목표 프로세스가 과연 해당 조직에 적용이 가능한 것인지를 살펴봐야 한다. 일반적으로 PI컨설팅은 Best Practice를 제시한다. 문제는 그러한 최상의 사례가 과연 해당 조직이나 기관에 수용이 가능한가를 검토하는 것이다.

나는 지난 20여 년 가까이 공공 분야를 대상으로 일을 하면서 과연 공공 분야의 혁신이 어디까지 가능한가에 대하여 여러 가지 측면에서 생각을 해 왔다.

공공기관은 프로세스나 조직의 혁신은 거의 어렵다고 생각한다. 왜냐하면 공공기관은 법에서 정해진 조직과 프로세스대로 일을 해야만 하기 때문이다. 즉, 이러한 일(PI)을 하기에는 민간 조직에 비하여 극히 제한적일 수밖에 없기 때문이다.

따라서 컨설턴트가 아무리 좋은 방법을 제시해도 수용할 수 없는 것이라면 그림에 떡일 수밖에 없는 것이다. 어느 프로젝트에서 이 부분에 대해서 해당 기관의 업무 규정을 근거로 몇 가지를 지적했더니, 담당 컨설턴트는 자기가 제시할 수 있는 최상의 프로세스라서 바꿀 수 없다고 하였다. 특히 외산(SAP 등) ERP의 경우가 유별나게 고집을 피운다.

나는 안다, 그 컨설턴트가 왜 그러한 고집을 피우는지를. 그것은 다른 유사 프로젝트에서 발굴된 프로세스이기 때문에 더 이상 고민하고 싶지 않다는 이유일 것이다. 그 컨설턴트와 면담을 하면서 이렇게 이야기했다.

"아무리 좋은 방안이라고 해도 그것을 수용할 수 없는 상황이라면 다른 대안을 제시해야 하지 않나요? 만일 그 안을 계속 진행하고자 한다면 관련 규정에 대한 변경안도 같이 제출해야만 하지 않을까요? 지금 이 내용을 보면, 이 조직에 규정을 제대로 분석하지도 않은 상태에서 교과서적인 제시를 했다고밖에는 판단을 할 수가 없습니다."

KPI 부분도 유사하다고 할 수 있다. 측정할 수도 없고, 달성하기도 불가능하거나 ERP 시스템만 가동되면 별다른 노력 없이 자동적으로 달성이 되는 KPI가 있는지 점검을 해야 한다.

두 번째는 PI Driven 방식 프로젝트의 특성으로써 PI 과제에 의하여 설계된 프로세스대로 ERP의 기능이 설계되었는지를 확인해야 하는데, 여기서 중시해야 할 사항은 PI 컨설턴트와 ERP 컨설턴트가 동일인인 경우도 있지만 다른 경우도 있다는 것이다. 동일한 경우에는 별다른 문제가 없겠지만, 다른 경우에는 가끔 심각한 문제를 발견하기도 한다. PI 컨설턴트의 결과대로 ERP 기능이 수용하지 못하는 경우이다. PI의 결과가 ERP에서 수용하지 못한다면 무슨 소용이 있겠는가? 물론 PI 결과에 따라 규정이나 제도를 바꾸는 과제인 경우를 제외하고 시스템화 과제의 경우에는 반드시 적용해야 그 효과가 있는 것이고, PI를 하는 목적도 그것이기 때문에 반드시 점검해야만 한다.

세 번째 점검 요소는 ERP에서 제공되는 기능의 수용성에 대한 검토이다. ERP를 도입하는 목적이 SI 개발에 여러 가지 문제점을 사전에 차단하고 가장 잘 정립된 업무 처리 방식을 도입하는 것이 가장 중요한 목적인데, 이것을 무시하고 자기 업무의 관행이나 제도를 고집하다 보면 부득이 추가로 개발을 하는 수밖에 없다. 이 부분에 대한 검토는 당연히 감리의 영역이며, 당초의 목표로 정해졌다면 의당히 점검해서 제공되는 기능의 수용 정도를 조사해서 제시해야 한다.

나는 지난 몇 년간 여러 곳의 공기업 등에 ERP 도입에 대한 감리를 수행하면서 몇 가지 느낀 점이 있다. 그중에는 몇 개의 프로젝트는 2~3년간에 걸쳐서 500억 원 이상의 대규모 프로젝트에 감리를 한 경험도 있었다. 그런데 공공 분야의 PI가 얼마나 어렵고, 때로는 불가능한 것인가? 언젠가 정부중앙부처에 BPR 컨설팅을 하면서 "공공기관은 목표 지향적이기보다는 절차지향적이다."라는 말을 했다가 책임자에게서 절대로 그렇지 않다는 항변을 강하게 들었지만, 나는 지금도 그 생각에는 변함이 없다. 나도 한때 공공기관에서 근무를 해 본 적이 있기 때문이다.

민간 기업에서는 조직과 규정에 대한 유연성이 대표이사의 권한과 주주의 요구에 의하여 확보되었다고 할 수 있기 때문에 조직의 이익 목표 달성을 위해서는 하루아침에 조직과 규정을 바꿀 수 있지만, 과연 공공기관도 그러한 것들이 기관장의 지시에 의하여 하루아침에 가능할까?

물론 공공분야도 PI나 BPR을 해서 효과를 보는 부분도 있지만 당초의 목표에 비해서는 미미하다고 할 수 있다. ERP 감리 점검 사항에 대해서 다시 정리하면 다음과 같다.

<表 31> PI Driven 방식의 ERP 사업 감리 점검 사항

점검 항목	검토 항목	비고
PI 컨설팅을 적정하게 진행했는지 여부	목표 프로세스의 수용 가능성	Best Practice 대비
	KPI 적정성	
PI 프로세스대로 ERP의 기능이 설계되었는지 여부	PI 프로세스 대비 ERP 기능(화면 등)이 충분하게 구현되었는가?	
ERP에서 제공되는 기능의 수용 여부	ERP 제공 기능을 사용자가 충분하게 이해하고 수용했는지 여부	

📖 통합테스트는 단위테스트의 집합이 아니다

단위테스트는 가장 작은 단위의 코드(함수, 메소드, 클래스) 검증을 하며, 독립적인 컴포넌트의 기능 검증과 외부 의존성을 최소화하여 테스트를 하는 것이고, 주로 개발자가 수행한다.

통합테스트는 여러 모듈과 컴포넌트 간의 상호 작용 검증을 위해서 시스템의 전체적인 흐름 테스트와 실제 운영 환경과 유사한 조건에서 테스트를 수행하며, 사용자와 합동으로 수행한다.

<표 32> 테스트 대상과 목적

단위테스트	통합테스트	비고
- 개별 기능의 정확성 확인 - 코드 변경에 따른 영향도 즉시 확인 - 버그의 조기 발견 및 수정	- 컴포넌트 간 인터페이스 검증 - 데이터 흐름의 정확성 확인 - 전체 시스템의 안정성 검증	

통합테스트는 업무 프로세스를 중심으로 수행하기 때문에 단위테스트와는 그 범위와 방법이 다르다. 때로는 업무 횡적으로(인사, 회계, 사업관리 등) 데이터의 흐름을 파악하기도 하기 때문에 설계 단계설계 단계에서 작성하는 통합 테스트 시나리오가 중요하다.

즉, 업무 흐름에 따른 전체 프로세스 검증과 부서 간, 역할 간 데이터 전달 검증을 하는 것이다. 그래서 감리는 이러한 통합테스트 시나리오를 기초로 점검을 한다. 간혹 통합테스트 시나리오를 보면 해당 업무를 지원하는 프로그램들의 단위테스트를 모아서 수행하는 경우가 있는데, 이것은 원초적으로 잘못된 것이다. 만일 이러한 경우가 있다면 그것은 설계 단계설계 단계 말에 작성하는 통합테스트 시나리오의 적정성부터 점검을 해야 한다.

07.
정기 감리 첫날은
RFP부터 탐독

📖 첫날부터 정규 산출물 검토 절대 금지

감리 첫날 개발자는 대부분 미리 준비된 산출물을 가져온다. 그 많은 산출물을 어디서부터 볼 것인가? 첫날부터 분석서나 설계서와 같은 정규 산출물을 보는 것은 좋지 못하다. 왜냐하면 자칫 자기 논리에 빠질 수도 있고, 많은 산출물을 보다 보면 나무는 볼 수 있을지 모르지만 숲을 볼 수가 없기 때문이다. 깊은 숲속에서 그 많은 나무를 보다가 운이 좋으면 여러 가지 결함을 찾아낼 수가 있지만 대부분은 숲속에서 헤매다가 해는 기울고 '에이 내일 더 보지 뭐~' 하고 퇴근하기가 일쑤이기 때문이다.

그래서 첫날부터 산출물을 독파하면 나중에는 시간에 쫓기게 마련이다. '2011년 7월에 감리 관련 법이 보완되어서 사업 착수 단계부터 감리를 하도록 규정되어 있으나, 아직도 대부분의 감리는 안타깝게도 설계 단계 끝날 즘에 1차 감리를 시작한다.' 설계 단계까지 작성된 산출물은 사업수행계획서, 요구사항 정의서에서부터 컴포넌트명세서에 이르기까지 수십 종에 달한다. 이렇게 많은 산출물을 어느 것부터 볼 것인가? 순서대로 보자면 제안요청서, 제안서, 사업수행계획서부터 검토를 하는 것이 정석이다.

사업의 전체적인 목적이나 범위 등에 대한 이해는 그 무엇보다 중요하다. 하지만 그러한 것들을 두서없이 검토하다 보면 첫날부터 분석서나 혹은 설계 관련 산출물과 같이 양이 많고 부담이 되는 것들을 검토하게 되며 시간에 쫓기게 된다.

📖 감리 첫날 해야 할 일은?

그렇다면 감리 첫날은 무엇을 해야 하는가? 사전 문서 검토를 충분히 한 경우를 제외하고 첫날 산출물을 처음 받았다면 책상 옆에 놔두고 제안요청서부터 정독을 해야 한다.

그리고 반드시 개발자에게 '사전에 제출된 산출물이 가장 최근에 작성된 것인가?'를 확인해야만 한다.

가끔 개발자로부터 제출받은 산출물이 실수든 고의든 과거의 산출물을 검토하게 되는 경우가 있기 때문이다. 문제점을 지적하면 "아, 죄송합니다. 구 자료를 드렸네요."라는 말을 들을 때 얼마나 화가 나는가? 가끔 고의적으로 감리원의 시간을 낭비하게 하기 위하여 이렇게 바람직스럽지 못한 행동을 하는 개발자도 있다.

감리 업무는 한정된 자원(기간과 인력)을 투입하여 하는 일이다. 따라서 감리 기간 동안에 이러한 일이 생기지 않도록 사전에 재확인이 반드시 필요하다. 가능하면 노트북에서 열지 말고 인쇄물로 된 것으로 한 장씩 천천히 읽어야 한다.

왜냐하면 노트북이든 데스크 탑 PC든 간에 화면에서는 빛에 의한 환각 현상이라는 것이 있어 일반적으로 종이 문서는 두세 장 정도 보고 나서도 기억이 나는데, 그에 반해 화면으로 보는 문서는 금방 잊어버리게 되는 것은 이러한 환각 현상이 있기 때문이다.

이러한 환각 현상은 초점을 다른 곳으로 옮기는 것을 허용치 않는다. 가장 흔한 예로 화면을 보면서 일을 하고 있는데, 다른 직원이 나에게 이야기할 때(인사말 등) 눈길을 쉽게 돌리지 못하는 것도 이러한 이유 때문인 것이다.

그래서 첫날은 제안요청서를 종이로 인쇄해서 정독을 해야 하고 두 번째는 사업수행계획서를 탐독을 해야만 한다. 그러면 대략 오후 3시 정도 된다. 세 번째로 주의 깊게 봐야 할 산출물은 본 사업을 위한 방법론과 표준이다.

내가 맡은 영역이 응용 시스템이라고 해도 그러한 것들은 사업관리 및 품질보증활동을 맡은 감리원의 영역이라고 생각하면 안된다. 프로젝트의 모든 것은 방법론과 표준에 의하여 시작되고 끝나기 때문에 우선적으로 봐 두어야 한다.

그리고 내가 앞으로 어떻게 내가 맡은 감리 분야에 접근을 할 것인가 생각을 해야 한다. 간단한 스케치(메모)를 할 수 있다면 더욱이 좋다. 내가 아는 어떤 분은 감리총괄을 맡게 되는 경우에 사전 문서 검토 시 주관기관 담당자와 개발 PM을 만나보 고 느낀 점을 '감리 스케치'라는 메모를 작성해서 각 감리원들에게 공지를 함으로써 사전에 감리원들이 현장감을 느낄 수 있도록 도와주기도 한다.

어쨌든 감리 대상 사업에 대한 대략적인 이해를 통하여 '과거에 내가 개발할 때 이런 경우 무엇이 문제였었나?' 생각해 보기도 한다. 그리고 퇴근하기 전에 반드시 해야 할 일이 한 가지 있다. 법에서 제공하는 감리지침서에 내가 맡은 감리 영역에 해당되는 부분(점검 사항)을 복사해서 내 나름대로 점검표를 만든다. (과거에는 이러한 지원 도구가 없었기 때문에 첫날부터 헤매고 끝 날에 가서는 '내가 과연 빠짐없이 다 점검했을까?' 하고 찝찝해했었다.)

그나마 기준이라 할 수 있던 COBIT이나, SPICE, CMMI 같은 것들은 별 도움이 안 되었다. 왜냐하면 그러한 것들은 적용을 하기에 시간이 많이 걸리기도 하고, 쉽게 접근하고 적용하기가 어렵기 때문이다. 또한, 대다수의 감리원들은 십여 년간 시스템 개발에 경험을 하는 동안 이론적인 품질 관리 방법론에 대하여 등한시해 온 것만은 사실이다.

'내일 출근하면 이 부분부터 점검해야겠다.'라고 생각하고 나면 퇴근길이 가볍다. 내일 할 일을 정하고 퇴근하는 것이 얼마나 기분이 홀가분한가?

🔖 다른 감리 영역 침범주의!

본격적인 감리에 임하기 전에 내가 맡은 감리 분야가 무엇인지 다시 한번 명확하게 인식을 할 필요가 있다. 가끔 산출물을 보면서 몰두하다 보면 내가 맡은 영역이 아닌 다른 사람의 감리 영역을 침범하는 경우가 있고, 결국에 가서는 해당 감리원에게 자료를 넘기고 나는 또다시 처음부터 헤매는 경우가 흔하게 발생하기 때문이다.

예를 들어서 응용 시스템 분야를 맡은 감리원이 응용 시스템에 프로그램 설계서를 보다가 SQL에 이상이 있는 것을 보다 보면 DB 분야로 접근을 하게 된다. 이때부터 기능의 오류보다는 TABLE의 오류를 발견하게 마련인데, 이런 식으로 하다 보면 정작 자기가 맡은 분야는 제대로 검토하지 못하는 우를 범하기 마련이다.

그래서 감리점검표를 사전에 준비하는 것은 더욱이 필요하다. 미리 준비된 감리점검표가 있는 사람은 다른 길로 접어들 일이 없기 때문이다. 나 역시 이러한 실수를 자주 범하기도 하는데, 원인은 한 가지다. '감리점검표 없이 성급하게 산출물부터 보는 경우!' 즉, 사전에 준비된 감리점검표는 이정표의 역할을 해 줄 수 있기 때문에 매우 유용하다. 그런 실수를 미연에 방지시켜 주기 때문이다.

다시 한번 감리보고서 내에 표기된 감리 점검표를 살펴보자. 기본적으로 제공되는 점검 사항 이외에 무엇을 더 점검해야 할지를. 혹은 그 점검 사항을 어떻게 무엇을 대상(산출물)으로 점검해야 하는지를. 이러한 점검 사항은 프로젝트마다 특이성이 있어서 약간씩 보완을 해야 하는데, 이러한 사항들은 감리를 수행하면서 추가되거나 보완하기도 한다.

특히 법(전자정부법)에서 정의된 감리 기준에 따라 점검하는 것이 기본이 되어야만 한다. 만일 내가 맡은 감리 영역에 대하여 감리 기준이나 지침이 부족한 경우에는 감리세부점검표를 보완해 놓고 점검을 해야 하는데, 이러한 경우를 대비해서 감리 계획을 수립할 때 사전에 보완해야 하지만, 그렇게 할 수 없는 경우도 상당수 발생하고 있다.

대다수의 경우에 감리 기준과 지침이 다소 포괄적이기 때문에 특별한 경우를 제외하고는 별도의 점검표를 만들 필요까지는 없지만, 간혹 예외의 경우가 생기기 때문에 해당 분야에 대하여 점검 목록을 만들고 그 후에 점검을 하는 것이 좋다는 뜻이다.

08.

5일짜리 감리 일정표 만들기

대체적으로 감리는 월요일에 시작해서 금요일에 끝나게 된다(아무리 길어도 2주가 넘는 정기 감리는 드문 편이다). 이 말은, 여러 가지 많은 일을 하기에는 너무 짧다는 뜻이다.

그렇다고 혼자 남아서 계속할 수도 없는 노릇이지 않는가? 그래서 처음부터 일정표를 잘 관리해야만 한다. 즉, 5일짜리 프로젝트라고 생각해야 한다. 물론 준비성이 좋은 사람은 미리 사전문서 검토 기간에 기본적인 것들을 파악하지만, 그렇지 못한 사람들은 월요일 아침부터 허둥거리게 된다.

📖 1일차(월요일)

첫날 아침에는 대부분의 경우, 감리착수회의를 한다. 발주자, 개발자가 모인 자리에서 감리 일정, 방법 등에 대해서 설명을 하고 협조를 요청한다.

앞서 감리 첫날 해야 할 일에 대해서 대략적인 이야기를 했지만 다시 정리를 해 보면, 첫날에는 제안요청서와 프로젝트(사업) 계획서에서 1) 프로젝트 범위에 대한 이해, 2) 개발 방법, 3) 공정 진행 단계별 산출물 목록을 확인한다(이 부분에 대한 확인이 제대로 되어 있지 못하여 감리 중간에 개발자와 언쟁이 벌어지는 경우가 많음). 품질보증계획서에서는 1) 표준 및 절차서(간혹 품질보증계획서 내에 표현되기도 함) 내에 있는 산출물 템플릿의 내용(작성 기준 등)을 확인한다. 이것의 확인이 필요한 이유는 작성되는 모든 프로젝트 관련 공식 문서는 이를 기준으로 작성해야만 하기 때문이다.

특히 해당 프로젝트에 적용되는 기준, 지침 등에 대하여 세밀하게 확인해야만 한다. 일반적으로는 전자정부법에 의한 감리 기준이 대부분 기본적으로 적용되지만 발주기관의 요청에 따라 특별히 추가되는 지침이나 규정이 있을 수 있으며, 시대에 따라 요구되는 것들도 있다. 국방의 경우에는 매우 복잡하고 많은 규정이 적용되고 있으며, 요즘은 전자정부표준프레임워크의 적용이 강조되고 있으니까 감리를 시작하기 전에 이러한 기준이나 지침 등에 대한 사전 숙지가 필수적이다.

감리 첫날에는 이러한 준비에 관한 사항을 확인하고 이에 맞는 감리점검표를 확인하거나 보완하는 것이다. 경험이 많은 대부분의 감리원들은 사전문서 검토 기간에 이미 숙지를 하고 있거나 현장 감리 첫날 오전 중으로 이러한 것을 기본적으로 확인하지만, 감리 경험이 많지 못한 감리원들은 그러한 계획서 종류는 그저 형식적인 것이라고 생각하고 무시하기가 쉬운데, 만일 개발 업무에 종사하는 기간 중에 감리를 받았거나 보다 체계적인 프로젝트 수행을 한 경험이 있다면 이러한 계획에 관련된 문서의 중요함을 잘 알 것이다.

나 역시 과거에 개발 프로젝트를 할 때 그러한 계획에 관련된 문서를 무시했거나 중요성을 인식하지 못하여 프로젝트 중간과 말기에 여러 가지 어려움을 겪었던 기억이 있다. 따라서 감리 첫날에는 앞서 이야기한 바와 같이 자신이 맡은 감리 대상 영역에 해당되는 공정 산출물을 보기 전에 프로젝트 원칙에 대한 부분부터 이해를 하는 데 시간을 아끼지 말아야 한다. 이러한 기본 계획서를 보면서 지금이 공정에 어느 단계인지를 파악하고, 이것을 기준으로 내가 맡은 감리 영역에 대한 점검을 시작하는 것이다.

📖 2일차(화요일)

　첫날 숙독한 사업의 내용과 준비한 점검표를 중심으로 내가 맡은 영역에 산출물을 검토한다. '그런데 그 많은 산출물을 어디부터 볼 것인가?'라는 문제에 또 봉착하게 된다. 물론 베테랑급 감리원은 주저하지 않고 순서에 맞추어서 산출물을 보기 시작한다. 예를 들어서, 설계 단계 말에 감리를 하는 경우에는 앞서 본 범위에 대해서 요구사항 정의서에 누락된 부분이 없는지를 보기 시작한다. 만일 누락된 부분이 발견되었다면 즉시 메모를 해야 한다.

점검 항목	검토 항목	메모
1. 범위관리체계를 적정하게 수립하여 관리하고 있는지 여부	1. 사업수행계획서가 계약 관련 자료와 일관성을 유지하고 있으며, 변경 사항에 대해 고객과 합의되었는가? - 제안요청서(RFP)/제안서/계약서와 사업수행계획서 간의 일관성, 과업 범위 누락 여부 - 변경 내역에 대한 공식적인 합의 2. 작업분할구조(WBS)가 구체적으로 식별되었는가? - 소요 자원, 비용, 일정 산정이 가능한 수준으로 분할 여부 - 작업 단위, 주체, 내용, 기간 등	- 제안요청서에 CFR-003이 사업수행계획서에 없음
2. 변경관리체계를 적정하게 수립하여 관리하고 있는지 여부	1. 변경관리를 위한 절차가 정립되었는가? - 파급효과 분석(일정, 비용, 자원, 품질 등) - 변경 이력관리 절차	- 설계 단계에서 변경된 인력에 대한 변경 관리 이력이 없음
5. 의사소통 관리체계를 적정하게 수립하여 관리하고 있는지 여부	1. 사업 참여 인원 간 및 고객과의 의사소통 체계가 확립되었는가? - 사업 진척 보고 체계 - 의사결정 필요 사항에 대한 보고, 승인 절차, 역할 - 사업 수행 인원 간의 정보공유 및 의사소통 체계	- 회의록에 의사결정 사항(R&R) 기록이 없음

감리 초기 시절에는 결함을 발견하면 혼자서 흥분을 하게 되고, 더 찾기 위해 이것저것 뒤지다 보면 앞서 발견한 결함까지도 망각

을 하게 되거나 기억을 더듬게 된다. 〈표 33〉 검토 항목에 대한 점검 결과 메모는 감리 기준에 의한 점검 항목 목록 표에 발견된 결함 사항을 간략하게 메모를 한 사례이다.

그래서 노련한 감리원은 늘 자신만의 메모장을 화면 한쪽에 띄워 놓는다. 결함이 발견되면 문제점 개요와 함께 증적(證跡, 증거가 될 만한 흔적이나 자취: 산출물 파일에 일부를 복사)을 확보(전자 파일의 이미지 복사)하면서 점검한다.

이러한 감리 메모는 나중에 개발자와 면담을 할 때와 감리 일지를 쓸 때 중요한 역할을 하게 되므로 크고 작은 결함은 발견 즉시 메모와 증적을 확보해야만 한다. 나의 경우, 초기 시절에 메모는 했지만 증적을 미리 확보(복사 등)하지 못해서 그 많은 산출물을 처음부터 다시 확인하느라 애를 먹은 적이 자주 있었다.

어떤 경우에는 포기하는 경우도 있었다. 단순한 오류인 경우에는 그렇지 않지만, 산출물 간에 복합적으로 얽힌 문제의 경우에는 메모만 해서는 결함 지적을 할 수가 없다. 왜냐하면 개발자에게 구체적으로 오류에 대한 설명이 가능해야만 하기 때문이다.

만일 첫날에 프로젝트(사업 수행)계획서나 품질계획서를 상세하게 보지 못했다면 두 번째 날에는 반드시 단계별 산출물 목록과 형상을 확인해야만 한다. 그런데 가끔 감리원 자신의 경험에 비추어서 산출물을 요구하는 경우가 있다.

개발자로서는 가장 당황스러운 부분이다. 당초에 프로젝트 계획을 수립할 당시에 개발 단계별로 산출물의 종류와 형상을 정했는데, 감리원으로부터 작성되지 않은 산출물을 요구당했을 때 당연히 개발자는 당황하거나 항의를 할 수밖에 없는 것이다.

따라서 전체 공정에 대한 이해와 정의된 산출물의 종류, 형상등을 미리 눈여겨봐 두어야 한다. 예를 들어서 설계 단계에서 테스트에 관련된 계획서가 없다면 다른 공정에 있는지를 확인해야만 하고, 산출물의 논리적 흐름이나 상호 연관 관계를 확인해야만한다.

특히 구조적 개발 방법, 객체 지향 방법 등 방법론과 개발자의기준에 따라 용어가 약간씩 다르고 이에 따른 오해가 생길 수도있으며, 어떠한 경우에는 일반적으로 알고 있는 방법론을 따르지않고 프로젝트 특성에 따라서 변형하여 진행하는 경우가 있기 때문이다.

객체지향 방법론에 의한 개발 프로젝트의 경우 어떤 감리원이겪은 사례 중에 분석 단계에서 작성되는 산출물 중에 유스케이스모델링에서 얻고자 하는 업무 흐름과 업무 규칙에 대한 기술이 화면 단위로 정의 되어 있는 경우가 있었다.

유스케이스 모델링에서 유스케이스를 화면 단위로 기능을 분해함으로써 유스케이스 모델이 본래 추구하려는 여러 목적(업무 처리규칙 등)들을 기술하지 못하고 있는 문제가 발견된 경우에 왜 그렇게 프로젝트 계획을 수립했는지를 정확하게 알아야만 한다.

이 경우에는 프로젝트 사정이 여의치 못하여 부득이하게 빠른 개발을 위해 이렇게 산출물을 구성한 것이다. 물론 이 부분에 대하여 향후 유지 보수의 문제점을 지적했지만, 그 자체를 문제로 지적하여 교정토록 하는 것은 무리라고 생각한다.

왜냐하면 이 프로젝트의 첫 번째 감리는 이미 분석과 설계가 끝난 시점에 수행되었기 때문에 되돌아가서 교정을 하기에는 이미 너무 많은 일들이 그것을 기준으로 진행되었기 때문이다. 이와 유사한 문제점들이 감리 현장에서 수없이 많이 생기고 있지만, 이것은 정보시스템 감리의 한계가 아닌가 생각한다.

📖 3일차(수요일)

 이틀이 지나면 프로젝트의 전체적인 범위에 대한 이해와 내가 맡은 감리 영역에 대한 특성을 이해하게 된다. 이때부터 본격적으로 점검표를 중심으로 결함 요소를 찾아보기 시작한다.

 감리를 수행하는 단계가 설계 단계라면 사용자의 요구 및 분석이 모두 반영이 되었는지를 추적하여 본다. 사업관리 및 품질보증 활동을 감리 영역으로 맡은 감리원은 프로젝트 범위 관리가 최초의 요구 사항인 제안요청서와 기술협상서를 기준으로 각 항목별로 현재까지 진행된 상황을 파악하고, 개발 부분(응용 시스템 및 데이터베이스 등)을 맡은 감리원은 최초의 요구 사항별로 분석 방법이 적절하며 100% 반영을 하였는지, 중간에 변화되는 과정에서 누락되는 부분이 없는지를 파악한다. 시스템 구조 및 보안 부분을 맡은 감리원은 시스템 구조 정의서에 나타나야 할 요건들(적정 용량, 보안 요건 등)이 모두 분석과 설계서에 반영이 되었는지를 확인한다.

 확인한 결과 결함이 발견되면 반드시 결함의 위치(산출물의 위치)를 메모하고 이에 따른 증적을 확보(복사 등)한다. 그리고 이에 대하여 해당 개발자에게 면담을 요청하고, 결함 여부에 대한 확인을 한다. 현장 감리 이전에 사전문서 검토에서 이러한 결함 요소를 미리 발견한 경우에는 3일차에 개발자 면담이 무리가 없지만, 그러한 준비가 없이 첫날부터 개발자와 면담을 하는 것은 자칫 신뢰에 문제가 생길 수 있으므로 조심해야 한다.

📖 4일차(목요일)

대부분의 경우에는 감리 중간 점검 회의를 수요일 오후나 목요일 오전 정도에 한다. 정기 감리에 있어서 감리 점검 회의는 매우 중요한 과정으로써 각 감리원 간에 발견된 결함에 대하여 토의를 하면서 중복되었거나, 착안 사항에 대하여 참조하는 시간이다.

이제부터 감리보고서 작성을 시작해야 한다. 현황 및 문제점을 작성하고 개선 방향을 고민하는 시간이다. 보고서 초안이 완성되면 해당 개발자에게 초안을 열람토록 하고 내용에 문제가 없는지 상호 확인을 한다. 이때부터 개발자와 감리원 간에 갈등이 시작되기도 하고, 간혹 많은 시간이 소요되기도 한다. 어쨌든 시간은 정해져 있기 때문에 문제의 핵심과 개선 방향에 대하여 설명을 마쳐야만 한다.

📖 5일차(금요일)

　어제 마치지 못한 감리보고서의 작성과 개발자 면담을 모두 종료하고 각 개별 감리원들이 작성한 감리 영역별 보고서 전체를 취합해야 한다. 총괄감리원은 각 개별 감리원이 작성한 보고서의 내용을 점검하고 문맥이나 결함 및 개선 방향에 보완해야 할 사항에 대해서 상의를 한다.

　이런 일들은 모두 오전에 마쳐야 한다. 오후에는 종료보고회를 해야 하기 때문이다.

　보고서 초안이 완성되면 다시 발주자, 개발자가 모인 자리에서 감리종료 보고를 한다. 이 자리에서 개발자는 보고된 내용에 대해서 이의를 제기하기도 하고, 발주자 역시 의견을 개진한다. 만일 개발자와의 이견이 좁혀지지 않는 경우 재검토를 하게 되며, 내용에 따라서 감리보고서가 교정되기도 한다.

　이상과 같이 1주일짜리 감리는 매우 시간이 촉박하기 때문에 시간을 잘 관리하지 못하면 제대로 된 감리를 하기가 어렵다.

　1주일(5일)간 감리 일정표를 다시 정리하면 다음 표와 같다.

<표 34> 5일 감리 일정표

요일	수행 내용
월	- 착수 회의 - 제안요청서와 프로젝트(사업) 계획서에서 1) 프로젝트 범위에 대한 이해, 2) 개발 방법, 3) 공정 진행 단계별 산출물 목록을 확인한다(요구정의 단계)
화	준비한 점검표를 중심으로 내가 맡은 영역에 산출물을 점검
수	결함 발견 사항에 대한 기록과 개발자 면담
목	감리보고서 작성
금	종료 회의

08. 5일짜리 감리 일정표 만들기

📖 감리 영역에 따라 점검 범위가 달라진다

감리 영역은 기본적으로는 정보시스템감리 기본점검표를 토대로 설정한 감리 영역으로 분류한다. 시스템 개발 사업의 경우에는 4개 영역(사업관리 및 품질보증활동, 응용 시스템, 데이터베이스, 시스템 구조 및 보안)으로 분류하지만 프로젝트 상황에 따라 이를 기준으로 감리를 수행하기에 어려움이 있는 경우도 있다.

개발 규모가 크고 다양한 경우가 바로 그것인데, 그러한 경우에는 서브 시스템 단위, 즉, 개발 업무 영역 단위로 감리 영역을 분류하기도 한다. 예를 들어서 개발해야 할 기능 단위의 시스템이 포탈, 통계관리시스템, 성과관리시스템 등으로 구분되는 경우에는 앞서 제시된 응용 시스템, 데이터베이스와 같이 정보기술 단위로 묶기에는 너무 광범위해서 어려움이 있다.

이러한 경우에는 기능단위 혹은 서브 시스템별로 감리 영역을 설정한다. 따라서 이렇게 감리 영역을 분류하는 경우에는 사업관리 및 품질보증활동 분야에서부터 데이터베이스에 이르기까지 점검을 해야 하며, 보안 분야까지 다루어야 한다.

예를 들어서 사업관리 분야에 요구 사항 추적에 결함이 발견된 경우에 문제점 지적과 개선 방향을 제시해야 하며, 응용 시스템과 데이터베이스 분야에 대해서도 다루어야 한다. 물론 사업관리 및 품질보증활동을 감리 영역으로 다루는 감리원은 각 감리 영역에서 다루어지는 동일한 분야에 의견을 참조하여서 보다 전체적인 관점과 시각으로 점검을 하게 된다.

　사업의 규모가 소규모인 경우에는 4개 영역으로 분류해서 점검을 하는 것이 가능하지만, 대형 사업의 경우에는 상기와 같이 총괄감리원의 판단과 감리원들과의 협의에 의하여 감리 영역의 틀을 조정하는 것이다.

　이렇게 감리 영역을 서브시스템 단위로 조정을 할 때에는 서브시스템의 복잡도를 고려해서 특정 감리원에게 부하가 가중되지 않도록 해야 하는데, 그러기 위해서는 현장 감리를 시작하기 전에 감리 대상 산출물을 살펴보고 범위나 대상 규모 등을 따져 봐야만 한다.

　간혹 이러한 사전 조율이 되지 못한 상태에서 감리가 진행되는 경우 특정 감리원의 과중한 업무로 인하여 자칫 감리가 부실해지거나, 그 감리원으로부터 불만이 생길 수도 있다.

　사전에 이러한 문제를 피하기 위하여 각 서브시스템의 기능 점수가 산정되어 있다면 그것을 기준으로 감리 영역을 분할하여 배정하는 방법도 있다.

📖 발견된 문제에 대한 다양한 검토

감리 현장에서 산출물을 검토하다가 결함을 발견했을 때 성급하게 증적을 채취하고 문제점을 정리하다가 나중에 낭패를 보는 일이 허다하게 생기므로, 발견된 문제 한 가지에 집중하기보다는 주변을 고르게 살펴보는 것이 중요하다.

우선은 메모를 하고 나서 현재 발견된 문제점을 중심으로 원인을 파악하는 것이 필요하다. 단순한 기능 오류라면 간단하지만, 이 문제가 기준이나 절차 등 표준에 어긋나는지, 아니면 분석 단계에서 사용자의 요구 사항 파악이 충분히 되지 못하였기 때문에 발생된 문제인지 등 다양하고 입체적인 검토가 필요하다. 간혹 발견한 결함에 대하여 한 가지 문제만 가지고 개발자에게 확인을 할 때 이의를 제기당해서 포기를 할 때가 있기 때문이다.

이렇게 발견된 결함을 감리보고서에 싣기까지 빠짐없이 관리를 하기 위해서는 매번 메모를 하는 습관이 중요하다. 메모하는 방법은 위 〈표 33〉 검토 항목에 대한 점검 결과 메모에 추가해서 아래 〈표 35〉 감리 점검 진행 표와 같이 별도의 엑셀 양식으로 만들어서 관리하는 것이 나중에 시간을 절약할 수 있는 방법이다. 특히 발견한 결함의 산출물 위치 기록이 중요하다.

점검항목	검토항목	메모	산출물/위치
1. 범위관리체계를 적정하게 수립하여 관리하고 있는지 여부	1. 사업수행계획서가 계약관련 자료와 일관성을 유지하고 있으며, 변경사항에 대해 고객과 합의되었는가? -제안요청서(RFP)/제안서/계약서와 사업수행계획서 간의 일관성, 과업범위 누락 여부 -변경 내역에 대한 공식적인 합의 2. 작업분할구조(WBS)가 구체적으로 식별되었는가? -소요자원, 비용, 일정 산정이 가능한 수준으로 분할 여부 -작업 단위, 주체, 내용, 기간 등	-제안요청서에 CFR-003이 사업수행계획서에 없음	-제안요청서 56쪽 -사업수행계획서 72쪽
2. 변경관리체계를 적정하게 수립하여 관리하고 있는지 여부	1. 변경관리를 위한 절차가 정립되었는가? -파급효과 분석(일정, 비용, 자원, 품질 등) -변경 이력관리 절차	-설계단계에서 변경된 인력에 대한 변경관리 이력이 없음	-개발자 투입공수 관리표
5. 의사소통관리체계를 적정하게 수립하여 관리하고 있는지 여부	1. 사업 참여 인원 간 및 고객과의 의사소통체계가 확립되었는가? -사업 진척 보고 체계 -의사결정 필요사항에 대한 보고, 승인 절차, 역할 -사업 수행 인원 간의 정보공유 및 의사소통 체계	-회의록에 의사결정 사항(R&R) 기록이 없음	-전체 회의록

　　응용 시스템의 기능에 결함을 발견한 경우, 분석서와 설계서를 검토해서 어느 부분에 원인이 있는지 파악을 해야 하며, 발견된 원인이 내가 맡은 영역(응용 시스템) 부문에 문제(코딩 등)가 아니고 데이터베이스에 문제라면 그 내용을 정리해서 데이터베이스 부문을 맡은 다른 감리원에게 전달하는 것이 좋다.

📖 성급한 면담보다는 메일을 통해서

앞서 발견된 결함에 대하여 매 건마다 해당 개발자와 면담을 하는 경우가 있는데, 이렇게 해서는 5일 만에 소기의 성과를 달성하기 어렵고, 개발자로 하여금 불만을 살 수도 있기 때문에 가능하면 모든 결함을 정리한 후에 종합적으로 면담을 하는 것이 좋다.

면담은 최종의 수단으로 생각해야 하는데, 개발자는 감리원의 면담 요청을 거부를 할 수 없는 위치에 있기 때문에 자주 부를수록 불만이 증폭될 수 있다.

간혹 개발자에 따라서는 면담을 고의적으로 회피하거나 부득이하게 서로의 일정 관계상 원활한 면담을 하기가 어려운 경우가 있다. 이러한 경우 이외에도 면담을 할 때에는 지적된 결함에 대하여 인정을 했지만, 막상 종료보고회와 같은 공식적인 자리에서는 번복을 하거나 결함을 개선하겠다는 계획서(조치계획서)에 엉뚱한 이견을 제시하는 등 난감한 경우가 발생하기도 한다.

나는 이러한 경우를 미연에 방지하고 보다 효과적인 감리를 위해서 면담을 가능한 최소화 혹은 배제를 하고 이메일을 활용한다. 즉, 이메일을 통해서 그동안 발견된 결함에 대해서 정리를 한 자료를 보내고, 이에 대하여 이의가 있으면 관련된 자료를 보내 주도록 요청을 한다. '서로가 바쁘니까 직접 와서 말로 설명하는 것은 사양합니다.'라는 문구와 함께 말이다.

이렇게 하면 서로 시간도 절약되고 주고받는 내용이 모두 기록으로 남으니까 나중에 번복을 하더라도 이것들을 증거로 제시할 수도 있어 매우 효과적이라 나는 늘 이 방법을 활용하고 있다. 사람은 말을 하면서 생각이 바뀌게 되기도 하고, 상대방의 말에 따라 서로 다른 대응을 하거나, 최악의 경우에는 감정 문제까지 발전하는 등 불필요한 시간 낭비와 바람직스럽지 못한 상황까지 발생하기도 하기 때문에 이 방법이 그나마 여러 가지 문제를 최소화할 수 있는 좋은 방법 중 하나라고 생각한다.

이 방법(이메일)을 활용하기 위해서는 앞서 몇 차례 강조한 바와 같이 사전에 면밀한 검토와 명확한 증거물 확보가 필요하다. 결함이라고 생각한 부분을 중심으로 여러 가지 산출물을 검토하다 보면 나 스스로 결함이 아님을 알게 되는 경우도 있고, 혹은 또 다른 결함을 발견하게 되기도 한다. 하여간 무엇보다 중요한 것은 면담을 통해서 얻는 것보다는 잃는 것이 더 많다는 사실이다. 다시 말해서 감리는 제출된 산출물만을 대상으로 검토를 하고, 그 결과를 감리보고서에 기록하는 것이 주요 임무라고 할 수 있다.

물론 사람이 하는 일이니까 정황적인 것까지 무시하라는 것은 아니다. 감리를 하다 보면 감리의 기본적인 것 이외에 고려해야 할 상황을 이따금 목격하기도 하기 때문이다.

몇 가지 경험 중 하나를 소개한다. 어떤 프로젝트에서 발주자의 무리한 요구로 인하여 프로젝트 범위가 당초의 제안 요구보다 감당을 할 수 없을 정도로 더 많아져서 관리에 어려움을 겪는 경우를 보았다. 범위가 설계 도중에 변경됨에 따라서 협의 과정에서

PM은 관리에 어려움이 생겼고, 그에 따른 일정 관리나 여타 프로젝트 진행 공정상에 당연히 작성되어야 할 요구정의서에서부터 설계 관련 산출물에 이르기까지 작성이 지연되었거나 앞뒤가 맞지 않는 등 여러 가지 결함 사항이 발견되었다.

따라서 이 부분에 여러 가지 결함 지적이 나올 수밖에 없는데, 이 경우에 범위관리 부분만 지적을 하였다. 왜냐하면 문제의 핵심이 그 부분이고, 발주자의 협조 없이는 개선이 불가능한 부분이었기 때문이었다. 변경 요구된 범위에 대해서 공식적인 합의부터 해야 한다고 발주자에게 개선 방향을 제시했더니 개발자는 당연히 수용을 해야 하는데 무슨 공식적인 절차가 필요하냐고 그 발주자가 나에게 불만을 제기하였다. 나는 계약의 범위는 제안요청서, 제안서, 기술협상서에 한하는 것이고, 그 이후에 변경되는 것은 당초의 계약 범위 내에서만 국한된 것이고, 그 이외는 별도의 추가 협상이 필요하다고 설득하였다. 그 발주 담당자는 나에게는 감리 발주 담당자이기도 했었다. 발주기관의 편을 들어 주지 못한 탓인지 그 이후로 그 기관에 감리용역은 수주를 하기에 어려움을 겪기도 했다.

이야기가 조금 빗나갔지만 결론적으로 개발자와의 면담은 여러 가지 감리 활동 중에 가장 최소화해야 할 부분이라고 생각한다. 정보시스템 감리는 서(書)와 도(圖)를 중심으로 그것들에 대한 품질을 파악해서 결함 요소를 발견하고 개선을 권고하는 일이다. 따라서 현재 작성되었거나 작성해야 할 것들(設計書, 構造圖 등)만을 대상으로 품질을 파악해야 하며, 주관기관 담당자나 개발회사 담당자와의 면담은 필요 최소한으로 축소해야만 한다.

감리일지 쉽게 쓰기

    감리일지는 현장 감리에 업무를 수행하는 기간 동안 매일 써야 한다. 그런데 자주 잊고 나중에 금요일에 허둥지둥 쓰다 보면 기억도 잘 나지 않아서 곤란한 경우를 당하게 된다.

    그래서 〈표 33〉 검토 항목에 대한 점검 결과 메모와 같은 형태로 매일 쓰면 쉽게 일지를 쓸 수 있다. 별스러운 일이 아닐 수도 있지만 이것을 활용하면 바쁜 시간을 쪼개서 써야 하는 현장 감리 현실에 도움이 된다.

감 리 업 무 일 지

1. 감리용역과제명: "00 체계 구축 사업" 2차(최종)감리
2. 감 리 기 간: 2019년 05월 18일 ~ 2019년 6월 03일
3. 감리 사업자 ____ : 000
4. 작 성 일: 2019년 05월 20일(월) (현장감리 1일차)

부문 (감리인)	감리 시간		검토문서	검토항목	발견사항	감리 장소
	시작	종료				
감리총괄 (한필순)	09:00	18:00	감리진행 관리	제안요청서, 사업수행계획서	-착수회의 - 특기사항 없음	
프로젝트 관리 (000)	09:00	18:00	테일러링한 산출물 목록, 사업관리 산출물	산출물 작성 여부	-착수회의 -프로젝트 진행현황 및 사업내용 청취 -프로젝트 범위 및 산출물 작성 확인	
응용 시스템 (000)	09:00	18:00	감리계획서, 산출물	-개발 진척 상황	-착수회의 -개발진척상황 보고 및 회의 -감리방향 검토	000

[그림 42] 감리 업무 일지 사례

09.

감리원은 점쟁이가 아니다

결함을 점검하는 방법에 대해서

감리에 대한 정의를 먼저 살펴보면 "정보시스템 감리라 함은 감리발주자 및 개발자의 이해관계로부터 독립된 자가 정보시스템의 효율성을 향상시키고 안전성을 확보하기 위하여 제3자적 관점에서 정보시스템의 구축에 관한 사항을 종합적으로 점검하고 문제점을 개선하도록 하는 것을 말한다."라고 정보시스템 감리기준(행정안전부 고시)에 정의되어 있다.

따라서 정보시스템 감리의 최고 성과는 감리 대상 프로젝트가 기능적, 비기능적 사용자 요구 사항을 모두 충족한 상태에서 문제없이 사용될 수 있도록 결함 사항을 발견하고 시정하도록 지원하는 것이다.

그렇다면 가장 바람직한 감리는 발견된 문제점이 현재는 아무리 작은 문제라 할지라도 향후 발전되어서 위험 요소로 확대되지 않도록 사전에 지적을 하여서 교정이 되도록 하는 것이다.

하지만 현실은 어떠한가? 작은 문제 10개보다는 큰 결함 1개를 찾고자 노력을 하게 마련이고, 실제 큰 결함을 발견하고 '부적합'이라는 부정적인 판정을 해야만 감리로서의 보람을 느끼게 되는 것이다.

때로는 그러한 발견을 많이 하는 감리원일수록 능력을 인정받기도 하는 것이 현실이다. 왜냐하면 그러한 심각한 결함을 찾기란 쉽지 않을뿐더러을뿐더러, 설혹 발견하였다 하더라도 그 사항을 감리보고서에 기록하고 확정 짓기까지 여러 가지 갈등을 극복해야 하기 때문이다.

어떻게 하면 중대한 결함을 발견할 수 있을 것인가? 경험이 많은 감리원들은 감리 기간 중에 발견한 사항 모두를 감리보고서에 기록하지 않는다. 왜냐하면 감리를 받는 입장에서의 개발자는 대수롭지 않게 생각하기도 하고, 때로는 귀담아듣지를 않기도 하기 때문이다. 다음 감리를 위해서 현재 시점에서 가볍게 보이는 몇 가지 문제 사항은 자신의 노트에 기록해 두거나 개선 방향에 권고 정도만 할 뿐이다.

지금 지적하면 사소한 문제로써 그냥 지나치기 쉽지만 그대로 두면 나중에 큰 문제로 발전할 수 있기 때문이다. 능력 있는 감리원이라는 말을 듣고 싶다면 발견된 결함의 경중과 파급 영향을 고려해야 할 것이다. 예를 들어서 1차 감리 기간 중에 개발 범위가 변경 진행되고 있는 것을 발견했을 때, 미리 '범위 변경에 대한 사항을 절차에 따라 관리해야 함'이라고 할 것인가? 아니면 기다렸다가 2차 감리 기간 중에 변경 관리가 부실해서 여러 가지 문제로 발전한 것을 강하게 지적할 것인가?'

여기서 감리원은 갈등을 하게 된다. '지금 개선을 하도록 권유할 것인가? 아니면 나중에 문제가 커지면 그때 강하게 지적을 할 것인가?' 솔직히 말하자면 나도 이러한 경우 갈등을 하지만, 과감하게 다음 단계 감리에 다시 보기로 하고 넘어간다. 다음 단계 감리에서 제대로 변경 관리가 되고 있다면 아쉽기는 하지만 프로젝트 관점에서 보면 다행이고, 관리되고 있지 못하다면 강도 높은 지적을 할 수 있기 때문이다.

따라서 감리 업무를 수행함에 있어서 개인적인 기록 관리는 매우 중요하다고 할 수 있다. 프로젝트 기간 동안에 현장에서 상주를 하면서 감리를 한다면 모르겠지만 대부분의 정기 감리는 3~4개월 간격으로 실행을 하기 때문에 자칫 1차 감리 때 눈여겨보아 두었던 것들을 기록해 두면 다음 단계 감리 기간에 쉽게 다시 파악할 수 있기 때문이다.

간혹 감리가 그것도 제대로 발견하지 못했냐는 질책을 받을 때가 있다. 하지만 수십 명이 수개월 동안 진행하는 프로젝트에 대해서 현장에 상주하면서 공정 진행 간간이 점검을 하지 못한 상태에서 1~2주 만에 숨겨져 있는 결함을 찾는 일이 결코 만만한 일은 아니다. 특히나 고의적으로 일부 산출물을 제출하지 않거나 왜곡시킨 경우, 이들의 문제점을 찾는 것은 정말 어렵고 힘든 일이다. 점쟁이가 아닌 다음에야 이러한 것들을 추적해서 찾아내고 논리적으로 결함을 기술해야 하는 일을 어떻게 순간적으로 할 수 있겠는가? 그래서 필요한 것이 상주감리이다.

📖 감리라는 직업

앞서 이야기한 부분이 마치 '아껴 두고 키워서 잡기'같이 표현된 것은 분명히 잘못된 것이며, 감리 본연의 의무를 망각한 것이라고 할 수 있다. 이러한 이유들 이외에도 나는 가끔 감리라는 직업을 별로 권유하고 싶지 않다는 생각이 들 때가 있다.

감리라는 직업은 보이는 그대로 사물을 믿지 못하고, 늘 어딘가 결함이 있을 것이라는 부정적인 생각과 자세를 요구하기 때문이다. 검사, 경찰, 감사 모두 마찬가지이다.

먼지(결함) 하나 빠져나가기 어렵게 점검표를 꼼꼼하게 할수록 시스템은 완성도를 높여 가겠지만, 개인적으로는 늘 따지고 점검하고 검증하고 확인하는 일이 새로운 것을 창조하고 만드는 일보다 부가가치 창출 측면에서 비교적 바람직스러운 직업은 아니라고 생각하기 때문이다.

어쨌든, 사회가 발달하고 복잡해질수록 서로가 지켜야 할 규칙과 규정은 더욱더 복잡해지는 것과 같이, 정보시스템 분야도 점점 더 품질 관리라는 그물망이 촘촘해질 것이다.

하지만 아무리 소프트웨어 개발과 운영에 있어서 품질 점검을 위한 그물망이 촘촘해도 개발자의 창의성까지 할 수는 없을 것이다.

나가 과거 10년이 넘게 개발을 하고 최근 20년 넘게 감리와 컨설팅이라는 일을 하면서 지금 생각해 보면 참 다양하고 많은 분야를 접한 것만은 사실이다.

제주도에 감귤 농장관리 시스템, 돼지를 키우는 양돈 관리 시스템, 산림청에 가로수 관리시스템 등에 대한 감리에서부터 2~3년에 걸쳐서 약 400억 원을 투입하는 철도, 전기 분야 대규모 SI 프로젝트 감리와 주류와 보험업계, 국방 분야에 이르기까지 내 딴에는 다양한 업종에 대하여 감리와 컨설팅을 통하여 직·간접적으로 경험을 했다고 생각하지만, 사실 따지고 보면 우리나라 전체 업종 대비 불과 10% 이내에 불과할 것이다.

이러한 다양한 업종에 대하여 모두 다 사전에 공부를 하였거나 경험을 하지 못한 상태에서 정보시스템이라는 기술에 국한하여 감리 업무를 수행하다 보면 간혹 전혀 생소한 분야에서 업의 특성을 잘 이해하지 못하여 발생하는 문제로 정보시스템 개발 품질 검토를 하면서 한계에 부딪히거나 고객으로부터 전문성에 대한 의심을 받기도 한다.

이러한 현상이 발생하는 주요 원인은 관련 업종에서 사용하는 전문 용어가 생소하기도 하고, 업무 처리 절차가 눈에 익숙하지 않기 때문이다.

얼마 전에 모 생명보험회사에 대규모 정보시스템 개발에 2년에 걸쳐 감리를 한 적이 있다. 그 프로젝트에는 PMO를 담당하는 전문회사가 개발회사와 별도로 프로젝트를 진행 중에 있었는데, 그 와중에 감리회사가 산출물과 시스템에 대한 품질 검토를 하다 보니까 개발회사는 운신의 폭이 좁아 들 수밖에 없었고, 신경이 매우 예민해진 상태였다.

처음부터 예상했던 바이지만 문제는 엉뚱한 곳에서 터졌다. 고객과 PMO가 감리원들의 보험 업무에 대한 전문성을 문제 삼기 시작한 것이다. 감리원들 중에는 보험 업무 정보시스템에 경험자가 일부 있기는 했지만, 대부분이 보험 업무에 생소한 상황이었고, 물론 나도 생명보험 정보시스템에 대해서는 생면부지 한 상태였다.

고객(보험회사에 담당자)과 PMO는 나에게 보험 업무를 잘 모르면서 고유 프로세스에 대한 문제를 지적하면 어떻게 하느냐고 질책과 항의를 했다. 나는 그 말의 진원지가 어디인가를 파악했고, 그 결과 보험 업무에 경험이 없는 감리원이 분석 단계에서 당연히 다루어야 할 요구 사항에 대한 정의와 분석의 범위에 대한 결함(누락)을 개발자와 면담 과정에서 감리원이 스스로 익숙하지 못한 보험업계의 관행이나 프로세스에 대하여 거론하고 결함으로 판단된 내용을 개발자에게 제시한 것이 문제가 된 것을 알았다.

아마 그 개발자는 다른 동료 직원들이나 PMO에게 말을 했을 것이고, 결과적으로 실력 없는 감리원이 공연히 생트집을 잡는다고 하였을 것이다.

이러한 문제는 주로 업무의 형태가 폐쇄적인 곳에서 많이 발생한다. 금융 분야나 위험물을 취급하는 곳 그리고 국방 분야가 그러하다. 그러한 분야에 종사하는 사람들은 경험과 안전을 중시하기 때문에 실제로 근무 경험이 없는 사람들을 신뢰하지 않는 습성이 있다.

나는 감리원들에게 고유 업무 프로세스에 대한 부분은 감리 영역에 해당하지 않으므로 주의해 줄 것을 당부하였다. 2주간의 감리가 끝난 후에 정리를 해 보니 매우 부정적인 결과가 나왔다. 10개 감리 영역 대부분에서 심각한 결함이 발견된 것이다.

　설계 단계이므로 주로 분석 결과 반영의 충분성에 대해서 검토를 하였는데 누락이나 왜곡된 부문이 많이 발견되었고, 그 원인 중 하나로써 객체지향 개발 방법론을 지원하는 자동화 도구(CASE Tool)의 사용 미숙에서 비롯된 것도 있었다. 사전에 각 개별 개발 담당자와의 면담과 확인을 하고 나서 고객의 그룹 CIO 등을 대상으로 진행한 종료보고회는 매우 침울한 분위기였다.

　특히 DB 부문에 결함이 많이 발견된 것이다. 사실 감리 초기에 전문성에 대해서 신뢰 회복을 위해서 DB 전문 감리원을 집중 투입 했던 덕에 심각하고 많은 결함을 발견할 수 있었다. 이것은 보험 업무 프로세스와 무관하게 데이터 관리에 관한 것이었다.

　주요 결함은 사용자 편의성, 설계 부족, 표준 미준수였으며, 전체 테이블을 조사한 결과 578개 중 98개의 결함이 발견(17%)되었다.

　감리의 결과에 대해서 수긍하지 못하겠다는 부분도 일부 있었으나, 발주사나 개발사 그리고 PMO 모두 대체적으로 수긍했다. 특히 감리 무용론을 주장하던 사람들도 회의가 끝난 후에는 앞으로 도움이 많이 되겠다는 말로 나를 격려해 주었다.

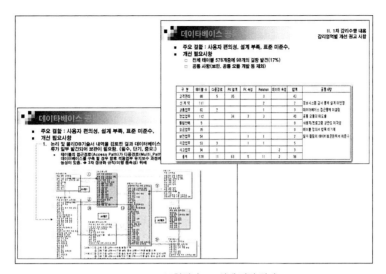

[그림 43] ○○보험회사 DB 설계 점검 결과

감리를 시작할 때에는 어렵고 힘든 분위기에서 진행하였으나, 결과적으로는 모두가 만족하는 듯해서 다행스럽게 생각했다. 물론 개발자들은 감리 결과에 대하여 보완해야 하기 때문에 부담스러워했지만, 필요성에 대해서는 인정을 하였다.

왜냐하면 이렇게 장기적으로 수행되는 대형 프로젝트의 경우에 단일 회사 직원들만 있는 것이 아니고, 협력 회사나 프리랜서들도 많고 도입되는 설비도 다양하기 때문에 이해당사자 이외에 누군가가 제3자가 챙겨 주지 않으면 예상하지 못했던 문제가 발생하므로 감리를 통하여 그러한 문제를 해결하거나 혹은 미리 예방을 할 수 있다는 것을 공감하기 때문이었다.

간혹 감리 무용론에 대해서 거론을 하는 사람들이 있다. 때로

09. 감리원은 점쟁이가 아니다

는 지나친 간섭으로 인하여 오히려 프로젝트에 방해 요소가 된다고 생각하기 때문인데, 물론 간혹 그러한 경우가 발생하기도 하겠지만 옥에 먼지가 묻었다고 해서 그 옥을 쓰레기라고 할 수 없는 것과 마찬가지로, 부정적인 요소보다는 본질적 요소를 보아야 할 것이다.

감리는 보다 적극적인 품질 관리 활동으로서 결함이나 위험 요소가 증폭되거나 전이되어서 프로젝트가 실패로 가지 않도록 하는 유일한 안전장치라고 생각한다.

굳이 감리라는 표현을 하지 않더라도 각각의 현장 프로젝트는 품질 관리를 어떠한 형태로든 스스로 하게 마련인데, PM이 지휘하는 조직 체제 안에서 제대로 된 품질 관리를 기대하기란 쉽지가 않다.

감리 무용론을 주장하는 사람들은 대체적으로 감리에 대해서 누구나 뻔히 아는 사실을 과장되게 표현하거나, 실력도 없는 사람들이 와서 공연히 산출물만 뒤적거리다가 개발자와 면담을 한답시고 시간만 허비한다고 불평을 하거나, 감리를 하느라 쓸데없이 비용만 많이 든다고 말한다.

물론 전혀 사실 무근이거나 틀린 말은 아니다. 하지만 그러한 불평을 하는 사람들은 직접 소프트웨어 개발을 해 보지 못했거나, 감리로 인하여 피해를 본 사람들일 것이라고 일축하고 싶다. 비용 문제만 하더라도 감리로 인하여 드는 비용은 전체 프로젝트 비용에 5% 정도이다. 10억짜리 프로젝트의 경우 대략 5천만 원

정도로 보면 된다. 그런데 품질 관리를 소홀히 해서 생긴 문제를 복구하기 위하여 드는 비용이 과연 5%뿐이겠는가?

나는 10명의 개발자보다 1명의 품질관리자가 더 중요하다는 사실을 알고 있다. 개발자 모두가 품질에 대하여 중요성을 인식하고 정해진 규칙(방법론 등)대로 일을 한다고 해도 대형 프로젝트의 경우에는 그 규칙이라는 것이 매우 복잡하고 보는 사람에 따라서 관점과 시각이 다소 다를 수 있기 때문에 이를 관리하는 전문 인력이 필요한 것이다. 방법론의 설정과 교육 그리고 관리(평가 등)는 개개인 모두가 같은 능력으로 공유할 수는 없는 것이다.

따라서 굳이 감리라는 표현을 쓰지 않는다 하더라도 정보시스템 개발에 있어서의 품질관리자는 매우 중요한 역할이라고 할 수 있으며, 프로젝트 내부 팀원에 의한 품질관리는 한계가 있으므로 가능한 제3자의 도움을 받는 것이 바람직하다는 것이다.

SI기업들이 얼마 전부터 각각의 프로젝트 현장에 품질 관리 전담자를 상주시키지 않고 필요시에만 지원을 하는 형태로 품질 관리 정책을 바꾸었다. 이유는 비용 절감이라고 하였다. 정말 안타까운 일이라고 생각한다. 물론 현장에 원가 절감을 위해서 해야 할 여러 가지 노력 중 하나이기는 하지만, 그렇게 획일적으로 품질 관리 정책을 반영하는 것은 또 다른 문제를 야기시킬 수 있다고 생각한다. 프로젝트의 규모와 손익관계 등을 고려해서 품질 관리 전담자의 배치 여부를 결정하는 것이 옳은 방법이라고 생각한다.

SI기업 중에는 외부의 감리회사에서 감리를 하기 전에 내부적으로 본사의 품질 관리 전담 부서에서 나온 내부 감리팀에 의하여 사전에 품질 검토를 하는 회사가 있다. 이러한 경우 비교적 심각한 결함은 적게 발견되지만, 그래도 여전히 결함은 발견되고 지적을 당한다.

어느 감리 현장에서 만난 개발사의 내부 감리팀으로 파견 나온 직원이 나에게 "자기들이 정말 꼼꼼하게 봤다고 생각했는데 이렇게 또 다른 결함이 많이 나올 줄은 몰랐다."라고 말했다. 나는 그에게 "그것은 두 팀 간에 실력의 차이가 있어서가 아니고 집중도 차이라고 생각한다."라고 말했다.

사실 감리전문회사에 일하는 감리 직원들은 본인들이 선택한 직종이고 감리 자체가 생업의 수단이기 때문에 비교적 집중도가 높다고 할 수 있다.

그런데 2013년부터 공공기관의 정보화 사업에 대하여 대기업은 참여가 제한됨으로써 공공 정보시스템 품질을 우려하는 목소리가 높아져 가고 있다. 몇 개의 대형 SI기업은 공공사업을 포기하였고, 관련 조직도 해체했다. 이러한 변화를 기회로 삼아 중소 SI 기업 들은 경쟁적으로 공공 정보시스템 개발 및 운영 사업에 참여를 하고 있지만, 품질 관리 능력이 대형 SI기업에 비하여 뒤떨어질 수밖에 없기 때문에 이에 대한 대비책도 필요하다.

다른 분야의 감리와 무엇이 다른가?

사업의 규모에 따라서 정보시스템 감리도 프로젝트 시작서부터 종료를 할 때까지 현장에서 상주를 하면서 감리 업무를 수행하는 경우가 있지만, 대체적으로는 프로젝트 단계별로 일정 기간 동안만 개발 현장에서 감리를 하는 것이 일반적이다.

이러한 면에서 정보시스템 감리는 건설 분야(건축, 토목)나 통신 분야의 감리와 다르다고 할 수 있다. 이렇게 외형적인 면뿐만 아니라 내용적인 면에서도 크게 다른 것이 여러 가지 있는데, 그중 한 가지가 시방서에 대한 적용 방법이다.

건설 부문의 감리 활동을 살펴보면 시방서(설계서 등)에 대해서 매일 점검을 하고, 만일 잘못되는 부분이 있으면 즉시 교정을 요청하거나 감리원이 승인을 하지 않는 경우 공사가 중단되는 경우도 있다.

건설과 전기 같은 분야는 사람의 생명과도 직결되기 때문이기도 하지만, 근본적으로 사용자의 요구 사항이 명확하고 모든 설계서가 명시적(도면)으로 관리되기 때문이라고 할 수 있다.

하지만 정보시스템 부문은 그렇게 감리를 하면 그 어느 프로젝트도 제대로 끝나는 경우가 없을 것이다.

예를 들면 건물을 지을 때 건물주가 건설업자에게 '대충 10층 ~20층 높이로 지어 주시오'라고 주문을 하거나, 기둥을 세우고 있는데 건물의 넓이나 높이를 변경해 달라고 요청을 할 수는 없다.

하지만, 정보시스템 분야는 어떠한가? 일단 최초 요구 사항부터 불분명하기 때문에 미세하고 명확하게 품질 측정을 할 수가 없다. 게다가 설계 중이거나, 개발 중에 많은 부분의 변경(추가, 삭제, 변경 등)을 요구하기도 한다.

물론 건설 분야도 설계 변경을 하지만, 정보시스템 분야와는 근본적으로 다르다고 할 수 있다. 건축, 전기, 정보통신 등 타 기술 분야에 비하여 특히 소프트웨어 개발 분야는 변경하기가 용이하다는 특징이 있다는 것이다.

IT 프로젝트의 실패 원인에 대해서 우리는 흔히 아래와 같은 Cahos의 연구 결과를 자주 거론을 한다.

TOP 3

1. 불완전한 요구 사항(Incomplete requirements): 13.1%

2. 사용자 참여 부족(Lack of user involvement): 12.4%

3. 자원 부족(Lack of resources): 11%

NEXT 7

4. 비현실적인 기대감(Unrealistic expectations): 9.9%

5. 경영층의 지원 부족(Lack of executive support): 9.3%

6. 요구 사항 및 사양의 변경(Changing requirement & specs): 8.7%

7. 프로젝트 계획 부족(Lack of planning): 8.1%

8. 제품이 더 이상 필요치 않음(Didn't need it any longer): 7.5%

9. 정보 기술 관리의 부족(Lack of IT management): 6.2%

10. 기술 부족(Technology illiteracy): 4.3%

위와 같이 IT 프로젝트의 실패 원인을 건설이나 여타 기술 감리 분야에서는 상상조차 할 수 없을 것이다.

그 이유는 다른 분야는 대부분이 수치(구성비, 무게, 함량, 길이, 넓이, 재질 등)로 확인이 가능하고, 이에 따라서 결함 여부도 비교적 정확하게 가려 낼 수 있는 반면에 소프트웨어 개발 프로젝트는 그렇지 못한 부분이 더 많이 존재하기 때문이다.

📖 지적된 결함이 이렇게 많은데 평가가 보통인가?

2011년 이후로는 감리 결과에 대하여 평가를 하지 않지만, 그 이전에 어떤 감리 종료 회의에서 발주기관의 책임자가 나에게 질문한 한마디가 "아니, 지적 사항이 이렇게 많은데 어떻게 평가는 보통인가?"였다.

2011년 7월부터 개정된 감리 관련 규정이 시행되기 이전에는 정보시스템 감리는 정기(단계) 감리 후에 감리 기준에 따라 각 감리 영역별로 평가라는 것을 했다.

부정적인 감리평가 중에 미흡은 '사업의 성공적인 완수에 영향을 미칠 수 있는 중대한 문제점이 발견되었고, 사업 추진 전략이나 계획된 자원의 정비가 선행되어야만 사업 목표 달성이 가능한 상태인 경우이고, 부적정은 '사업의 성공적인 완수에 영향을 미칠 수 있는 중대한 문제점이 발견되었고, 사업 추진 전략이나 계획된 자원 내에서 개선할 수 없어 사업 목표 달성이 불가능한 상태'인 경우에 각각 평가를 하도록 관련법에 명시되어 있었다.

이러한 평가에 대하여 각 감리원들 간에 약간씩 서로 다른 견해를 가지고 있지만 이 부분에 대하여 평가 근거를 명쾌하게 설명하고 있지는 못하였다. 이러한 실정에서 감리 평가에 대하여 논쟁이 발생하는 이유 중 첫 번째 문제는 판정의 근거가 과학적이거나 수치적이지 못하기 때문이었다.

예를 들어서 개선권고유형에 '필수가 많으면 부정적 판정을 해야 하는가?' 아니면, 개선 시점에 '단기가 많으면 부정적 판정을 해야 하는가?' 혹은, '중요도에 해당 개선권고사항이 많으면 부정적인 판정을 해야 하는가?' 설혹 그렇다 하더라도 '많다는 것을 절대적 혹은 상대적 수치로 정할 수 있는가?(예를 들어서 개선권고사항에 해당 부문이 3개 이상인 경우)'

두 번째 문제는 객관성과 신뢰성에 대한 문제이다. 감리가 추구하는 본질은 결함을 발견하여 조치토록 권고하거나, 결함 요인을 미연에 방지하고자 사전에 경고를 하여 시스템이 성공적으로 완성되도록 품질을 감독하는 일이지 평가를 하는 것은 결코 아니다. 좁은 의미에서 감리는 객관성을 갖춘 제3자이지만, 넓은 의미에서는 해당 사업의 이해당사자라고 할 수 있다. 왜냐하면 대부분 발주기관으로부터 감리용역을 의뢰받았기 때문이며, 감리 대상 사업의 성공 여부에 대하여 감리회사도 책임(법적, 사회적)을 질 수밖에 없기 때문이다.

법이 정하는 바에 따르기 이전부터 정보시스템 감리는 그 결과에 대하여 총평을 기술하여 왔고, 그에 따라 3단계(2005년 이전) 혹은 4단계 평가를 해 왔다. 3단계 평가(적정, 보통, 부적정)에서 4단계 평가(적정, 보통, 미흡, 부적정)로 바뀐 이유는 여러 가지가 있었지만, 대다수의 평가가 '보통'으로 집중되어서 사업의 평가 자체가 무의미해졌기 때문이었다.

2005년 이후 바뀐 평가 방식에 대하여 일반적으로 긍정적인 평가(적정, 보통)에 대해서는 별다른 논쟁이 발생하지 않는 반면에 부정적인 평가(미흡, 부적정)에 대하여 개발자(개발회사)는 적극적이라고 표현해도 과언이 아닐 만큼 민감하게 반응을 한다. 간혹 발주기관 담당자조차도 평가에 대하여 이의를 제기하는 경우가 발생하기도 하는데, 그 이유는 감리 결과에 따른 평가가 개발자 혹은 발주기관 담당자에 대하여 본사나 상급자가 업적 성과로 간주하기 때문이다.

이러한 현상에 대하여 한편으로는 이해가 되지만 감리를 수행하는 입장에서는 당혹스럽기조차 할 때가 있다. 감리 평가에 대하여 논쟁을 벌이는 것보다는 발견된 결함에 대하여 상호 인식과 해결 방안을 모색하는 것이 바람직한 모습이지만 감리 현장에서는 간혹 그렇지 못한 현상이 발생하였으며 이러한 문제로 인하여 감리보고서가 왜곡되거나 본질이 훼손되는 경우가 발생할 때가 있었다.

따라서 감리와 평가는 별개의 영역이라고 생각하며, 평가는 해당 사업과 전혀 무관한 제3의 전문가에 의하여 진행되어야지만 객관성과 신뢰성이 훼손되지 않을 수 있는 것이다. 따라서 감리 평가로 인하여 감리보고서의 왜곡 혹은 내용이 훼손되는 현상은 원천적으로 방지해야만 한다.

상기와 같은 문제에 대하여 2007년도 가을에 '공공정보시스템의 기술적 발전 동향에 따른 감리 방향에 관한 연구'라는 주제로 개최된 한국IT서비스학회의 학술대회에서 상기 주제에 대하여 발표를 한 적이 있었다.

그때 감리 경력이 3년 이상, 10회 이상 감리를 수행한 경험이 있는 감리원 30명을 대상으로 설문조사를 하였는데, 감리 현장에서 흔하게 발생하는 문제 중 하나로써 감리 대상 사업 중에 특정 부문의 결함 여부와 정도에 대하여 감리원 간에 이견이 발생하는 경우에 대한 질문에서 [그림 44] 결함 여부와 정도에 감리원 간 이견 분포도에 나타낸 바와 같이 많은 감리원이 이러한 상황을 경험한 적이 있다고 답변(61%)하였으며, 그 원인은 앞서 기술한 소프트웨어 고유 특성 중에 불가시성에 대한 문제로 보인다.

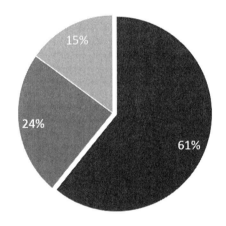

[그림 44] 결함 여부와 정도에 감리원 간 이견 경험 분포도

즉, 건축 감리의 경우에는 대부분의 감리 대상(도면, 건축물 실체 등)이 유관으로 확인이 가능하고 적부 판정이 용이하지만, 소프트웨어는 그렇지 못한 부분도 많아서 감리원 간에 경험적 지식에 의

09. 감리원은 점쟁이가 아니다

존할 수밖에 없는 경우가 발생하기 때문이다.

이와 같이 특정 사업에 대하여 100% 객관적이지 못할 뿐만 아니라 동일한 사안에 대하여 견해차를 가진 사람(감리원)들이 과학적이거나, 논리적이지 못한 근거를 가지고 평가를 하는 것은 바람직하지 못하다고 생각한다.

이제는(2011년 이후) 이러한 논쟁이 의미가 없어졌지만, 아직도 감리원 간의 이견은 없어졌다고 볼 수는 없다.

📖 감리의 특성과 독립성

감리는 타 직종에 비하여 강도 높은 도덕성과 객관성 그리고 전문성이 요구되는 직업이라고 할 수 있다. 그리고 추가적으로 개별 감리원은 감리 행위에 대한 독립성이 있다고 할 수 있다. 독립성이란 감리원 개개인에 대한 권한과 책임을 의미하는데, 이것은 개별 감리원이 발견한 결함과 평가에 대하여 그 누구도 간섭을 할 수 없다는 뜻이다.

현장 감리에는 총괄 감리원과 분야별 감리원이 각자 맡은 감리 영역별로 일을 한다. 총괄 감리원의 역할은 감리 전체 진행관리와 때로는 사업관리 및 품질보증활동 등 특정 감리 영역을 맡아서 감리를 수행하기도 한다.

이렇게 현장 감리조직 운영에 있어서 각 개별 감리원들이 발견한 결함과 이에 대한 개선 방향 등을 정리하고, 최종적으로 평가를 한 결과에 대하여 총괄감리원은 조정과 조율을 요청할 수는 있지만, 만일 개별 감리원이 거부를 할 경우 이를 강제적으로 조정할 수는 없다.

이것이 바로 감리의 특성 중에 독립성 혹은 개별성이라고 하는 것인데, 상식적으로 총괄 감리원은 PM과 같은 역할로서 각 팀원(감리원)들에게 지시와 감독을 할 수는 있으나, 그것은 감리 방향이나 감리 영역의 할당, 기타 기준의 적용 등에 국한된 것이며, 원칙적으로는 각 개별 감리원의 감리 결과에 대하여 간섭할 수 없는 것이다.

만일 총괄감리원이 임의대로 조정을 한다면 개별 감리원에 의하여 도출된 결함의 내용 및 평가가 왜곡되거나 변질될 수 있기 때문에 개별 감리원에 대한 행위에 대하여 그 누구도 간섭을 할 수 없는 특성(독립성)이 있다고 할 수 있다.

총괄감리원은 감리 중점 검토 방향에 대한 지시와 감리 범위 및 대상에 대한 확인과 각 개별 감리원의 감리 업무 진행 상태관리 정도만 할 수 있다. 하지만 이러한 감리 업무의 특성과 독립성의 이해 부족으로 인해서 간혹 총괄감리원이 업무 진행에 어려움을 겪기도 한다. 발주기관 담당자와 개발기관의 담당자가 불가능한 요구를 하기 때문이다.

10.

게으른 감리, 부지런한 감리, 영리한 감리, 미련한 감리

📖 감리를 위해서 작성해야 할 산출물은 없다

우리나라 정보시스템 분야에 감리는 행정안전부에서 제공하는 기준에 따라 각 분야별로 수백 가지의 점검 기준을 바탕으로 수행을 한다. 하지만, 그 기준이 모호하거나 부족할 때가 많이 있어서 부득이 감리원의 경험적 지식에 의존하여 업무를 수행할 때가 있다. 이때 가장 경계해야 할 것이 있는데, 세부 기술적인 측면보다는 프로젝트의 범위에 관한 부분이다.

감리의 범위는 결국 감리 대상 프로젝트의 범위에 국한해야 하고, 프로젝트의 범위는 계약 범위라고도 할 수 있다. 즉, 계약 범위는 통상적으로 제안요청서, 제안서, 기술협상서, 기타 계약 특수 조건이라고 할 수 있는데, 간혹 그러한 범위를 벗어나는 감리 의견 제시로 인하여 발주자나 개발자가 곤란을 겪는 경우가 발생하기도 한다.

특정 계약 범위를 확대 해석 하거나, 요구되지 않는 부분을 감리원의 경험에 의하여 추가로 권고하는 경우가 바로 그것이다. 현재 진행 중인 방법이나 범위에 대하여 보다 더 좋은 방법을 제안하는 것 자체는 바람직하지만 그러한 내용이 프로젝트 자원(기간, 인력, 비용 등)에 영향을 미치는지 여부를 반드시 사전에 고려해야만 한다.

발주자 입장에서는 당연히 수용하겠지만 개발자 입장에서는 매우 곤란한 경우도 있기 때문이다. 따라서 감리의 시각과 관점은 계약 범위를 벗어나면 안 되며, 굳이 그러한 내용을 권유하고 싶을 때는 구두로 개발자에게 설명을 해 주는 것이 바람직하다. 감리원이 좋은 의미로 제시된 권고사항이 자칫 프로젝트의 진행에 악영향을 미칠 수도 있기 때문이다.

얼마 전 수행했던 감리에서 매우 곤란한 상황에 접하게 되었다. 처음 보는 상황은 아니었지만, 발주자와 개발자 간에 첨예하게 대립되어 있어서 뭔가 조정이 필요하다고 느꼈다. 주요 내용은 프로젝트 범위에 대한 문제였다.

계약 사항에 속하는 범위 중에 특정 기능을 수행하지 않은 것이 발견되어서 지적을 했더니 개발자 측에서는 그 부문은 하지 않기로 했고, 대신 다른 부분을 추가 개발 하기로 했다는 것이다. 하지만 문제는 누구의 요청에 의하든 그러한 범위 변경에 대한 공식적인 행위(변경 요청 및 승인 등)가 없었다는 것이고, 차후에 감사의 입장에서 보면 업체 편의를 봐준 것 같은 인상을 줄 수도 있기 때문에 고민을 하게 되었다.

공공기관의 경우에는 이러한 문제에 매우 민감해서 차후에 문제가 생기지 않도록 해야만 한다. 발주자 측에서는 이러한 상황을 눈치채고 제외된 기능에 대하여 다시 개발할 것을 요구했고, 개발자 측에서는 불가능하다는 입장이었다.

계약을 기준으로 엄밀히 따지면 당초의 계약 범위보다 증가하여 수행한 부분은 개발자의 의지에 따라서 추가 지원 한 것으로 볼 수 있지만, 당초의 계약 범위를 다 수행하지 못한 것에 대해서는 정산을 해야만 한다.

감리를 수행하는 입장에서는 별 고민 없이 범위관리 결함으로 지적하고 개선 방향에 제외된 범위에 대하여 발주자와 개발자가 협의해서 진행할 것을 권고하면 되는 사안이었지만, 감리는 프로젝트 전체의 무리 없는 진행과 성공적인 수행 지원에 대한 책임도 있다고 할 수 있다.

발주기관의 담당자 입장에서도 굳이 초기의 요구 사항을 관철시키고자 할 의도는 없었지만, 나중에 감사를 받을 때 문제가 예상되기 때문에 개발자로 하여금 수행하도록 종용하는 것이었다.

나는 고민 끝에 개발자에게 진행하지 못한 기능의 범위와 추가로 수행한 부분에 대하여 기능 점수를 도출하도록 하였다. 이에 대한 적정성을 검토한 결과, 다행히 추가로 수행한 부분의 기능 점수가 더 많게 산출되어서(대부분 그렇지만) 상계 처리가 가능하다는 의견을 공식적으로 제시하였다.

원칙에 강해야 하는 것이 감리 업무의 본분이기는 하지만, 그 원칙의 적용을 어떠한 관점에서 수행해야 하는지는 현장 상황에 따라서 잘 생각해야 한다.

간혹, 감리원 중에는 필요 이상으로 부지런을 떨어서 당초의 프로젝트 범위를 벗어난 부분에 대하여 문제점을 지적을 하거나 더 나은 방법을 제시하면서 개발자로 하여금 추가로 일을 하도록 권고를 하는 경우가 있다. 두 가지 모두 크게 보면 프로젝트의 바람직한 방향을 유도하는 측면에서 좋을 것이라고 착각할 수도 있으나, 그것은 프로젝트의 본질을 왜곡시키는 행동이라고 할 수 있다.

프로젝트란 '유일한 상품이나 서비스를 창출하기 위해 수행되는 일시적인 노력'이라고 PMBoK에서도 밝혔듯이 시작과 종료가 명확히 존재하며, 목적이 있는 일, 명확한 작업 범위, 계획된 예산과 비용이 수반되는 일이다.

따라서 프로젝트에 직접적인 계약 당사자(갑과 을)가 상호 간에 정의한 프로젝트 범위에 대해서는 그 누구도 왈가왈부하여서는 안 된다는 뜻이다. 이에 대해서 나가 겪은 두 가지 사례가 있다. 첫 번째 사례는 모 도시에 ITS(Intelligent Transport Systems/지능형 교통시스템)를 구축하는 프로젝트에 감리를 한 적이 있었다.

그 프로젝트에 두 가지 문제에 대하여 지적을 하였었다. 첫 번째 문제는 메인 서버가 필요 이상으로 4대가 설계되어 있었던 것이다. 시청에서 관할하는 2대의 서버와 경찰청에서 관할하는 2대의 서버가 서로 각각 실시간 백업체제를 갖추고 있었으며, 이들이 다시 서로 연계가 되도록 설계되어 있었다. 서버의 백업체제는 많으면 많을수록 좋지만 효율적인 측면과 효과적인 측면을 보았을 때 굳이 4대씩이나 설치할 필요는 없다고 판단되어서 이 부분에 대한 비효율적인 문제를 지적하였다.

그런데 발주기관(시청, 경찰청)이 사업 기획 단계에서 결정된 사항이므로 문제시 삼을 수 없다는 의견이었다. 여러 차례 실랑이 끝에 결국은 결함 지적을 철회한 경우가 있었으며, 또 다른 두 번째 문제로는 버스정류장에 교통 안내를 하는 기기를 일반 P/C를 사용하여 버스를 기다리는 승객에게 정보를 제공하도록 설계되어 있는 것에 대해 일반 P/C가 아무리 외장 박스 안에 있어도 악천후에 견디기 어려운 문제를 거론했지만(요즘은 모두 LED로 정보를 제공하지만), 이 문제 또한 당초의 요구 사항(RFP)에 명시되어 있으므로 변경할 수 없다고 하여 철회를 한 적이 있었다.

두 번째 사례는 모 정부기관에서 발주한 홈페이지 개발 사업에 대하여 설계 문서를 검토한 결과 이미지가 많아서 일반 국민이 사용할 때 응답 속도에 문제가 예상되어서 개선할 것을 권고하면서 웹 가속기 설치를 추천(권고)하였다. 하지만 개발업체에서는 예산 증가 때문에 거부를 하였고 발주기관에서는 감리의 의견에 따라 추가로 설치할 것을 종용하는 문제로 발전되고 말았다.

두 가지 사례 모두 감리원이 불필요하게 부지런을 떨어서 생긴 문제라고 할 수 있다. 안타깝게도 정보시스템 감리는 모든 요구 사항이 명시적으로 결정(RFP)된 이후에 수행되므로 그 이상의 범위를 벗어난 요구를 할 수가 없다. 아무리 좋은 의견이라 할지라도 그 의견이 프로젝트의 범위를 벗어나는지 반드시 확인을 한 다음에 권고를 해야만 한다.

그것은 발주자의 초기 요구 사항에 대하여 변경을 의미하는 것으로서 반드시 그렇게 해야만 요구 사항에 충족시킬 수 있을 정도의 심각한 구조적 결함이 있을 경우에만 결함 지적이나 권고가 가능하다고 할 수 있다. 나 역시 초기에 여러 차례 그러한 실수를 범해서 개발자를 난처하게 만든 경험이 있었던 것이다.

앞서 예시된 사례 중에 첫 번째의 경우에 바람직한 감리 의견은 '버스정류장에 안내용으로 설치할 일반 P/C에 대하여 외부 환경에 영향을 받지 않도록 조치가 필요함'이라고 하면 될 것이며, 두 번째 사례의 경우에는 '웹 콘텐츠의 과부하가 예상되므로 현재의 홈페이지 속도를 향상시킬 수 있는 방안의 강구가 필요함'이라고 하면 충분하지는 않지만 감리로서 해야 할 일은 다 했다고 생각한다.

다른 한 가지 사례는 모 개발 장소에서 감리원과 개발지 간에 언쟁이 벌어졌다. 내용을 확인해 보니까 각 화면에 표시되는 안내 메시지들이 일관성이 없고 불규칙적인 문제에 대하여 지적을 하면서 메시지 관리용 DB를 추가하여 개발할 것을 권고한 것이 언쟁의 초점이었다. 표시되는 메시지의 비일관성은 문제이지만 그렇다고 추가로 메시지 관리 프로그램을 개발하라는 권고는 받아들일 수 없다는 것이 개발자의 항변이었던 것이다. 여기서 우리는 어디까지가 감리의 한계인가에 대하여 깊게 생각을 해 볼 필요가 있다. 감리 결과 발견된 결함에 대하여 감리원은 3가지의 개선 권고를 할 수가 있다. '필수', '협의', '권고'가 바로 그것이다. '필수'는 반드시 교정을 해야 함을 의미하며, '협의'는 발주자와 개발자 간의 협의에 의하여 개선 여부를 결정하도록 하는 것이다. '권고'는 단어 그대로 감리원이 감리 기준으로 측정을 하였을 때 결함은 아니지만 좀 더 나은 방향으로 개선할 것을 권고하는 것이다.

그렇다면 이 경우에 어떻게 감리 결과를 피력하는 것이 옳을지 냉정하게 생각을 해야 하는 것이다. 사용자의 행위 결과에 대하여

10. 게으른 감리, 부지런한 감리, 영리한 감리, 미련한 감리

안내를 하는 메시지를 정확하게 관리하기 위해서는 DB로 개발하는 것이 바람직하다. 하지만 그것은 구체적인 방법을 제시하는 것이기 때문에 문제의 소지가 있을 수 있다. 왜냐하면 그것보다 더좋은 방법이 있을 수 있기 때문이다. 따라서 이러한 경우에는 구체적인 개선 권고보다는 '사용자의 편의성을 위하여 메시지 일관성을 유지하기 위한 방안을 수립해야 함'이라고 하는 편이 바람직하다고 생각을 한다. 굳이 DB로 개발하지 않고도 사업의 현실에 맞게 메시지의 일관성을 유지할 수 있는 방법이 있을지 모르기 때문이다.

결론적으로 한마디로 말하자면, '감리를 위해서 추가적으로 작성해야 할 산출물은 없다'는 것이다.

📖 개발자에게 상처를 주는 말과 행동

　문서(산출물) 명칭을 직접 말하고 요청하는 것보다는 '이러한 것을 확인하려고 하는데 어느 산출물을 보면 되지요?'라고 묻는 것이 훨씬 더 효과적이다. 가끔 감리원들 중에는 자신의 경험에 비추어서 산출물을 요구하는 경우가 있는데, 프로젝트에 따라서 방법론이 다르고 이에 따라 산출물 명칭도 다른 경우가 많기 때문에 상호 오해를 살 수도 있거나, 자칫 감리원이 무식하다는 말을 들을 수도 있기 때문에 주의를 해야 한다.

　예를 들어서 '요구사항추적표가 어디 있지요?'라는 말보다는 '사용자 요구 사항 관리는 무엇으로 합니까?'라는 말이 더 포괄적이고 부드럽다. 한 가지 예를 더 들어 본다면 'CRUD Matrix를 봅시다'라는 말보다는 '프로그램과 DB 간에 상관관계는 무엇으로 확인할 수 있지요?'라는 말이 더 좋다는 뜻이다.

　감리원의 말 한마디가 개발자로 하여금 의욕을 떨어트리거나, 반감을 사게 하는 말들은 극히 조심해야만 한다. 대부분의 감리원들은 10년 이상의 프로젝트 개발 혹은 PM 경험을 가지고 있어서 간혹 개발자를 대할 때 고압적이거나, 지도적인 언행을 취할 때가 있다. 물론 개발자가 고의로 거짓말을 하거나 회피를 하는 경우도 있어서 이러한 경우 감정이 앞서기도 하는데, 감리는 사실에만 입각해서 냉정하게 일을 처리해야 하는 직업이니만큼 언행에 각별히 조심해야 한다. 개발자에게 반말을 하거나, 질책을 하듯이 언성을 높이거나,

모욕적인 언사는 정말 주의하고 금기해야 할 것들이다.

프로그램 오류가 발견되었을 때 개발자와의 면담에서 발견된 오류에 대해서만 거론을 해하는데, 자칫 개발자를 나무라거나 능력을 탓하게 되면 곤란하다는 뜻이다.

역지사지(易地思之)라는 말이 있다. 이는 맹자(孟子)의 〈이루(離婁)〉에 나오는 '역지즉개연(易地則皆然)'에서 유래한 말이라고 하는데, 입장을 바꾸어 다른 사람의 처지에서 헤아려 보라는 뜻이다.

즉, 지금 내 앞에 있는 개발자의 모습은 과거에 나의 모습이라고 생각하면 틀림이 없을 것이다. 또한 입장을 바꾸어서 생각해 보면 개발자의 입장에서는 바쁜데 감리가 와서 귀찮게 군다는 생각이 지배적일 것이다. 또한 발견된 결함 사항을 지적하였을 때 자존심도 상할 것이다. 자신이 열심히 한 일에 대하여 결함을 지적하는데 기분 좋다고 할 사람이 어디 있겠는가?

여기서 우리는 소프트웨어의 특성에 대해서 다시 한번 더 생각해 봐야 할 필요가 있다. 소프트웨어를 개발함에 있어서 여러 가지 것들 중 가장 중요한 것은 창의성이라고 생각한다. 물론 개발 절차나 표준을 준수하는 것도 중요하지만, 그러한 절차나 표준이 허용하는 테두리 안에서 창의성은 그 무엇보다 중요하다. 동일한 화면이라고 해도 내부에 프로그래밍 과정은 개인별로 독특하기도 하고, 나름대로 독창적이기도 하다.

일반적으로 경영과 관련된 정보시스템 개발에서는 독창성보다는 업무의 처리 규칙에 대한 이해도가 더 우선하지만, 게임이나 시뮬레이션, 인공지능 등과 같이 고도의 감각적인 부분이나 미세한 논리 구성이 필요한 부분은 더욱더 그러하다.

따라서 정보시스템의 개발, 즉 소프트웨어의 개발은 개개인의 창작물이라고 할 수 있는데, 이러한 창작물에 대해서 결함을 발견하고 지적하며, 문제점을 개선토록 요구당했을 때 해당 프로그래머는 유쾌한 기분을 가질 수가 없는 것이다. 프로그래머에게 가장 기분 나쁜 말이 무엇인가? '소스를 봅시다.'라는 말일 것이다.

나도 공공기관에 컨설팅 프로젝트를 할 때는 감리를 받지만 유쾌한 기분은 결코 아니다. 하지만 감리를 하기도 하고 받아 보기도 하다 보니까 조심해야 할 말과 표현하는 방법에 대해서 생각을 하게 되었다.

당연히 감리는 산출물 즉, 각종 계획서, 설계서 등 문서를 중심으로 품질의 적정성 여부를 가름하는 것이 기본이지만 발견된 결함에 대한 진위 여부를 확정하기에 앞서서 필연적으로 개발 담당자와의 인터뷰가 필요하다. 하지만 인터뷰는 '필요충분조건'이지 결코 '필수조건'은 아닌 것이다.

인터뷰를 통해서 결함을 찾고자 하거나 자신의 경험을 빗대어서 개발자로 하여금 불필요한 시간을 낭비하게 하는 일은 없도록 해야만 한다. 게다가 인터뷰의 내용을 감리보고서에 기술하는 우매한 행동은 더더욱 없어야만 하는 것이다.

어쨌든 상대방 입장에서 생각하고 말을 하면 보다 발전적인 방향으로 정보시스템 분야의 품질이 향상될 것으로 확신한다.

📖 감리 업무를 수행하기에 적당한 나이

감리라는 업무가 결함을 찾아내고 보완하도록 하는 일이 중심이 되다 보니까 아무래도 많은 경험과 지식을 필요로 하기 마련이다. 그런데 그러한 것들과 나이와는 다소 거리가 멀 수도 있지만, 아무래도 너무 경험이 적은 젊은 나이에 감리는 현장에서 여러 가지 어려운 경우를 당하기도 한다.

나이가 젊다 보면 아무래도 개발자 등으로부터 신뢰를 받기가 어렵기도 하고, 자칫 논쟁이 벌어지면 말싸움까지 생기기도 하기 때문이다.

반면에 빠르게 바뀌는 정보기술의 특성에 비하여 나이가 많은 감리원들은 부분적으로는 신기술에 대응이 약한 단점도 있다. 그래서 시스템 보안 분야 등은 오히려 나이가 젊고, 최신 기술에 대한 경험과 지식을 갖춘 감리원들이 맡아서 하기도 한다.

다른 기술 분야에 비하여 정보기술 분야는 기술자의 생명력이 유난히 짧다고 할 수 있다. 기술이 변화 속도가 빠르기도 하고, 변화의 폭이 넓기 때문이다. 때로는 정보기술 분야에 기술자는 이렇게 빠른 변화에 대응하지 못하면 도태될 것에 대한 위기감을 가지기도 한다. 왜냐하면 어떤 정보기술은 과거의 그것을 참조로 하여 점진적으로 발전하지 않고 전혀 새로운 기반으로 출발하기 때문이다. 스마트폰이 실용화된 지 불과 몇 년 전이지만 이제는 대부분의 사람이 당연하다는 듯이 애용하고 있는 것이 바로 그 사

례 중 하나이다. 스마트폰에서 사용되는 소프트웨어는 기존에
OS나 DB 기술을 기반으로 개발된 것이 아니기 때문이다.

📖 감리는 시스템 품질의 최후 보루

아무리 능력이 우수한 개발자나 사업관리 능력이 뛰어난 발주기관의 사업담당자라 하더라도 이해관계에 얽히고 서로 간에 욕심이 생기다 보면 숲을 보는 능력은 저하되기 마련이다. 그렇게 프로젝트가 진행되다 보면 여러 가지를 놓치거나 별로 중요하지 않은 일을 사이에 두고 서로 간에 신경이 날카로워지기도 한다.

반면에 감리는 비교적 제3자의 입장이 되다 보니 여러 가지 면에서 두루 살펴보게 마련이다. 이러한 과정에서 발주자와 개발자 간에 미처 파악하지 못했던 위험 요소를 발견하게 된다. 바둑에서 훈수꾼은 자신의 실력보다 더 높다고 하는 말도 있지 않은가? 감리라는 일을 10년 넘게 하다 보니까 정말 그 말이 옳다는 사실을 새삼 느끼게 된다.

'품질이란 제품이나 서비스가 사용 목적 혹은 사용자의 요구를 만족시키고 있는지 어떤지를 결정하는 경우에 평가의 대상이 되는 고유의 성질 및 성능의 총칭'이라고 한다.

그렇다면, SI 프로젝트에 있어서 품질이란 무엇인가? 좁은 의미에서는 소프트웨어의 품질을 의미하겠지만 넓은 의미에서는 SI 프로젝트 전체, 즉 발주자와 공급자 간에 서로가 만족할 수 있는 수준을 의미한다고 생각한다. 그러한 의미에서 볼 때 감리원은 최후의 품질 책임자라고 할 수 있는 것이다.

📖 어처구니없는 사건과 낯 뜨거운 일들

얼마 전에 모 감리 현장에서 있었던 일이었다. 감리 첫날 월요일 오후쯤 늘 그렇듯이 RFP와 사업수행계획서를 보고 있었다.

개발회사에 어떤 직원이 면담을 요청하지도 않았는데 불쑥 나에게 왔다. 왜 그러냐고 했더니 USB를 내밀었다. "이게 뭐냐"고 했더니 "산출물"이라고 했다. 나는 "아직 별도로 산출물을 요청한 적이 없다"고 했더니 "일단 보라"고 했다. 뭔가 궁금하기도 해서 내용을 열어 봤다. 한 장을 넘기기도 전에 나는 정말 놀랐다.

세상에! 감리보고서가 그 안에 있었다. 개발자가 감리보고서를 써서 가져온 것이었다. "이게 뭐냐?"고 했더니 그 직원은 오히려 나한테 '뻔히 알면서 뭘 그러냐?'는 눈빛이었다. 순간적으로 '아니, 세상에 이런 일이?' 하고 탄식을 하였다. 너무 화가 나서 "PM을 오라"고 했다. 그 직원은 '별놈 다 보겠다는 듯'이 가더니 잠시 후에 PM이 왔다.

나가 받은 USB의 내용을 보여 주면서 "어떻게 된 것이냐?"고 물어봤더니 별일 아니라는 듯이 "그렇게 해 드리면 좋아하실 것 같아서요."라고 말했다. 너무나 창피하고 화가 나서 제대로 말도 못하고 조용히 USB를 다시 건네주었다. 세상에, 아무리 그래도 그렇지……

그다음 날 아침에 감리 현장에서 직원들을 모아 놓고 잠시 회의를 했다. 어제 있었던 사건을 이야기를 하고 나서 "여러분들 중에는 혹시라도 이런 일을 허용하는 사람이 없기를 바랍니다."라고 당부를 하였다. 정말 황당한 일이었다.

다른 한 가지 사례는 개발자로 하여금 결함 사항을 스스로 찾아서 가져오기를 종용하는 경우이다. 시간이 부족하고 특별한 결함을 찾지 못한 경우에 해당 개발자에게 문제점을 내놓으라고 종용하는 것이다. 이것은 절대로 있어서는 안 되는 파렴치한 행위이며, 자칫 전체 감리에 대한 신뢰를 저하시키고 또 다른 문제를 야기시키는 것이라고 할 수 있다.

그러한 문제가 발생한 경우, 개발자들이 감리원을 어떻게 보겠는가? 앞에서는 별말을 하지 않겠지만 당연히 무시하고 비웃을 것이다. 결함을 발견하지 못할 정도로 문제가 없다면 그 상태 그대로 기록하는 것이 옳다고 생각한다. 그게 정 못마땅하면 밤을 새워서라도 결함을 찾아내든가.

상기 두 가지 사례는 물론 흔한 경우는 아니고 일부에 불과하겠지만, 감리는 타 직종과 달리 강도 높은 도덕성과 객관성 그리고 전문성이 요구되는 직업이므로 이를 지키는 것이 그 무엇보다 중요하다.

11.

좋은 보고서, 나쁜 보고서

주로 설계 단계에서 감리 대상 산출물을 보노라면 분석 단계부터 작성된 산출물의 분량이 만만치가 않다. 아무리 계획을 세우고 감리 기준 등의 점검 순서대로 검토를 해도 늘 시간이 부족하기만 하다.

허둥지둥하다 보면 어느덧 날짜는 가고 발견된 결함은 별로 없는 것 같은데, 뭔가 놓치고 가는 듯한 느낌이 들 때가 있다. 시간을 되돌릴 수는 없으니 앞으로 가는 수밖에 없는데, 문제는 감리보고서의 작성이다.

찾은 결함을 가지고 면담을 해 봤지만 신통치가 못하고, 경미한 결함을 가지고 개선 방향을 기술하기도 만만치가 못하다. 본서의 앞 부문에 '무엇부터 볼 것인가? 어떻게 볼 것인가?'라는 주제로 작성한 내용을 다시 보면 좋은 보고서를 작성하기 위한 방법이 적혀 있다. 결론부터 말하자면, 현장 감리 기간의 길고 짧음에 관계없이 순서대로 기준에 따라 차근차근히 하는 것이 가장 중요하다.

첫날부터 성급하게 발견된 결함을 가지고 면담을 하거나, 스스로의 경험적 지식에만 의존하여 산출물을 분석하거나 하는 행동들은 자칫 부실한 감리를 초래하기도 하며, 감리보고서조차도 무성의해지기도 한다.

수개월 동안 개발자가 나름대로 밤을 도와 가며 심혈을 기울여서 작성된 산출물을 대충 살펴보고 결함을 찾아낸다는 것은 신의 경지에 올랐거나 점쟁이의 수준이 아니면 곤란할 것이다. 첫날부터 산출물을 보되 프로젝트 수행 방법론을 먼저 숙지하고, 이에 따른 산출물을 순서대로 보는 것이 중요하다.

즉, 산출물은 많이 보는 것보다 정확하게 보는 것이 중요하다고 할 수 있다. 간혹 발주기관 담당자나 개발자는 짧은 시간에 어떻게 그렇게 많은 산출물을 보았느냐고 의아해한다. 노련한 감리원은 굳이 많이 보지 않아도 핵심 결함을 짧은 시간에 찾아내는 능력이 있다고 봐야 할 것이다.

하지만 경험이 부족한 감리원은 어떻게 해야 하는가? 감리보고서에는 자신이 맡은 감리 영역에 대해서 가장 먼저 참조해야 할 검토 항목 표가 있다. 우선적으로는 이 표에 따라 점검을 해야만 한다. 물론 점검표가 다소 추상적이거나 모호한 부분도 있지만, 이정표 역할을 해 주기 때문에 짧은 시간에 대량의 산출물을 효과적으로 검토할 수 있도록 도와준다고 봐야 한다. 이를 형식적인 것이라고 치부하고 자신의 능력만을 고집하다 보면 결과적으로 본 것은 많은데 쓸 것이 없는 상황에 빠지고 마는 것이다.

핵심 결함 사항을 발견하고 개발자도 수긍을 했다고 하여도, 결과적으로는 그 모든 것들을 감리보고서에 담아야만 하기 때문에 중간중간에 메모(결함과 증적)를 해야만 한다.

📖 개선권고사항 제목의 구성에 대하여

각 감리 영역별로 작성되는 문제점 및 개선권고사항에 대하여 몇 가지 생각해 보자. 개선권고사항의 제목은 그 아래 기술되어 있는 현황 및 문제점 그리고 개선 방향의 내용을 간략하고 함축적으로 제목의 형태로 작성을 하게 된다.

그런데 여러 가지 복합적인 사항을 짧게 몇 줄로만 표현을 하다 보니까 일반화가 되어서 제목만 봐서는 무슨 문제인지 바로 알기가 어렵거나, 전체 보고서를 종합해서 목록을 만들다 보면 모든 개선권고사항의 제목이 비슷하게 보여서 각 문제점마다의 특징을 식별하기가 어렵거나 무성의하게 보이기까지 한다.

아래 몇 가지 사례를 보기로 하자. 아래 〈표 36〉 개선권고사항 목록 표는 감리보고서 총평 끝부분에 작성되는 서식으로서, 개선권고사항의 목록이다. 그런데 제목을 보면 각 개선권고사항 마다 특징이 없어서 비슷하다는 느낌이 든다. 특히 (4)번의 경우에는 어느 산출물에 무엇이 미흡한지 상세 내용을 읽어 보기 전에는 전혀 모를 수밖에 없다.

이러한 표현은 마치 많은 것을 나타내는 것처럼 보이지만, 사실은 아무것도 표현하지 않은 것과 같다.

<표 36> 개선권고사항 목록 표(나쁜 사례)

4. 감리 영역별 개선권고사항				
개선권고사항	개선권 고유형	개선 시점	중요도	발주기관 협조필요
(1) 개발 범위 정의에서 일부 확정되지 못한 부분이 있어 조속한 시행이 필요함.	필수	단기	○	
(2) 재무회계 모듈의 프로젝트 단계별 일부 산출물이 현행화되지 못한 부분이 있어 수정할 필요가 있음	필수	단기		
(3) 기술 협상 결과에 따라 달라진 과업 내용 을 반영하여 당초 제시된 산출물 관리, 형 상 관리 계획을 수정할 필요가 있음	협의	단기		○
(4) 산출물을 검토한 결과 일부 미흡한 부분 이 발견되어 보완을 권고함	필수	단기		

물론 개선권고사항의 제목만 읽고 모든 것을 파악할 수는 없으며, 당연히 상세 내용을 읽어 봐야만 하지만, 이러한 제목 들을 II. 종합 의견에 네 번째로 구성된 '감리 영역별 개선권고사항' 목록에 배치시켜 놓고 보면 대다수의 개선권고사항이 비슷해서 마치 한두 가지 문제만 존재하는 것 같은 착각을 일으킬 때도 있다.

위에서 사례로 제시된 〈표 36〉 개선권고사항 목록 표(나쁜 사례)를 〈표 37〉 개선권고사항 목록 표(좋은 사례)와 같이 바꿔 보면 어떨까?

<표 37> 개선권고사항 목록 표(좋은 사례)

개선권고사항	비고
(1) 인사관리 부문에 대한 개발 범위 정의에서 성과 평가 기능 등 일부 확정하지 못한 부분이 발견되어 조속한 시행이 필요함	
(2) 재무회계 모듈의 프로젝트 단계별로 작성된 산출물 중에 요구사항정의서 등이 현행화되지 못한 부분이 있어 수정할 필요가 있음	
(3) 기술 협상 결과에 따라 달라진 RFID 적용 내용을 반영하여 당초 제시된 산출물 관리, 형상 관리 계획을 수정할 필요가 있음	
(4) 설계 단계 산출물을 검토한 결과 객체 모형 기술서에 클래스 다이어그램에 모니터링 부문이 누락되는 등 일부 미흡한 부분이 발견되어 보완을 권고함	

상기와 같이 개선권고사항에 대한 제목을 구성할 때 나는 '등'이라는 단어를 자주 사용한다. 짧은 문장으로 한 가지만 예시를 들고 그 이외에 더 있다는 표현을 암시적으로 할 때 '등'이라는 단어는 참 유용하기 때문이다.

📖 현황 및 문제점 그리고
개선 방향의 작성에 대하여

감리보고서에서 가장 핵심 부분은 '현황 및 문제점'에 대한 기술과 '개선 방향'이라고 할 수 있다. 이 두 가지 부문이 감리 활동의 모든 것이라고 할 수 있으며, 나머지 부문은 이를 종합하거나, 주변 상황을 설명하는 것에 불과하다고 할 수 있다.

'현황 및 문제점 부문'과 '개선 방향' 두 가지 중에서 보다 더 중요한 것을 굳이 고른다면 당연히 '현황 및 문제점'일 것이다. 감리의 모든 것은 여기부터 출발하기 때문이다. 현황 및 문제점 부문에 대해서 기술할 때는 순서대로 현재 감리 영역에 개발 진행 현황에 대하여 기술을 한다. 그리고 나서 발견된 문제점을 두 번째 순서로 기술을 해야 한다.

사례 [그림 45] 현황 및 문제점 구분이 잘 된 사례를 보면 현황과 문제점이 구분되어 있어서 어떠한 상황에서 무엇이 문제인지 구분을 해서 이해하기가 쉽다고 할 수 있다.

반면에 [그림 46] 현황 및 문제점 구분이 잘못된 사례를 보면 현황과 문제점이 혼재되어 있어서 어떠한 상황에서 이러한 문제가 발견되었는지 이해하기에 어려움이 있다.

<<현황 및 문제점>>

(가) 본 사업은 ERP 도입뿐만 아니라 ERM(Enterprise Risk Management) 시스템 개발 등 8 종과 BSC 체계 고도화 연계 등 ERP 와 부분적으로 무관한 시스템 개발도 상당수 존재함(아래 그림 사업수행계획서 일부 참조) **현황**

(나) 하지만, 이러한 ERP 외에 시스템 개발에 대한 기본요건(사업관리, 품질관리 등)에 대한 준비가 부족함

(다) 본 사업을 위하여 준비된 사업수행 계획서에 제시된 방법론은 ERP 만 반영 되어 있으며 ERP 이외의 시스템 구축 부문에 대해서는 언급이 전혀 없음 **문제점**

[그림 45] 현황 및 문제점 구분이 잘 된 사례

<< 현황 및 문제점 >>

(가) 분석단계 도출된 프로세스와 서브프로세스 그리고 액티비티에 대하여 매핑 및 GAP 대응방안 수립시 CBO 로 결정된 액티비티와 프로그램 설계서간의 일관성이 결여 되어있음.

[그림 46] 현황 및 문제점 구분이 잘못된 사례

여러 가지 상황에 문제점과 개선 방향을 두세 줄로 요약해서 작성하다 보면 일반화가 되어서 그러한 현상이 나타나지만, 조금만 신경을 쓴다면 다른 제목과 차별화할 수 있고, 이해하기에 많은 도움을 줄 수 있다.

현황과 문제점을 굳이 구분하는 것이 좋은 이유는 보고서를 보는 사람으로 하여금 논리적으로 이해를 돕기 위한 것도 있지만, 보다 더 큰 이유는 이후에 작성해야 할 개선 방향과 일치시키기 위한 것이다.

문제점으로 열 가지를 지적하고 개선 방향에는 한 가지로 요약

하거나 혹은 한 가지 지적 사항에 열 가지의 개선 방향을 기술하게 되면 곤란하다.

　모든 문제점에 대하여 일일이 개선 방향을 기술하기가 어려운 경우도 있지만, 가능한 지적된 문제점과 개선 방향은 일치시키는 것이 좋다. 다음 사례 [그림 47]과 [그림 48]을 보면 앞에 [그림 45]에서 지적된 문제점에 대해서 동일한 수준으로 두 가지의 개선 방향을 제시하였다.

<<개선방향>>

(가) ERP 시스템 외에 시스템 개발에 대한 기본요건(사업관리, 품질관리 등)에 대한 준비가 필요함

- WBS
- 품질관리 계획

(나) ERP 이외의 시스템 들에 대해서도 명시적 관리를 통하여 의사소통이 가능하도록 방법론 테일러링 등의 작업을 통하여 종합적인 방법론이 구성되어야 함

- 시스템의 특성 별 개발방법론의 수립
- 전체 프로젝트 방법론의 구성

[그림 47] '[그림 45]' 문제점과 일치시킨 개선 방향 사례 1

<<개선방향>>

(가) 요구사항의 추적을 용이하게 할 수 있도록 고유한 요구사항 식별 자를 부여
하고 요구사항에 대한 통합적이며 체계적인 관리할 수 있도록 산출물보완을
권고함.

(나) 모듈 명, Process 명, Sub Process 명 등을 RFP 의 요구사항에 근거하여 업
무의 성격과 유형에 맞게 보완을 권고함.

(다) 요구사항 반영에 대한 식별이 불명확하거나 오류 및 미흡한 산출물에 대하여
명확하게 식별할 수 있도록 보완을 권고함.

[그림 48] '[그림 45]' 문제점과 일치시킨 개선 방향 사례 2

문제점에 대한 나열과 개선 방향을 일치시키면 문제점에 대하여
개발자와 공유하기가 쉽고, 개발자가 개선 조치 계획을 수립하기
에 용이한 이점도 있으며, 나중에 개선 조치 확인을 하는 과정에
서 개선된 내용을 파악하기가 용이하기 때문이다.

가장 조심해야 할 것은 지적의 범위를 가능한 핵심 위주로 좁혀
야 한다는 것이다. 너무 광범위하게 지적하면 개발자는 간과하기
가 쉽고, 나중에 조치 확인을 할 때 형식적이 되기 때문이다. 광범
위한 지적은 훈계조가 되기 쉬우며 문제의 핵심을 파악하기가 불
가능할 때도 있다. 예를 들어서 '요구 사항 추적이 체계적이지 못
하므로 사업관리 전반적으로 재구성이 필요함'과 같이 문제점과
개선 방향을 포괄적으로 제시하는 경우이다.

이러한 식의 문제점 지적은 나중에 조치 확인을 할 때에도 곤란
한 상황에 부딪치기 마련이다. 만일 조치 결과에 '전반적으로 조치
를 완료했음'이라고 개발자가 제시한다면 어떻게 확인할 것인가?

'전반적'이라는 용어와 같이 포괄적인 단어를 사용할 필요가 있을 때에는 분명한 근거가 필요하다. 예를 들어서 프로그램의 결함율이 50% 이상이 넘는다든가 하는 경우이다.

본서의 앞부분에서 발주기관의 담당자로부터 "여러 가지 결함을 찾아 주어서 고맙지만 지금까지 발견된 문제점이 전부인가요?"라는 질문을 받을 때가 있다고 하였는데, DB 구축 사업의 경우에는 대부분 허용 결함율이 0.1% 이하이기 때문에 전수검사가 필요하지만 짧은 시간에 많은 양의 자료를 검사할 수 없기 때문에 2~3%의 표본조사를 통하여 검사한다.

이때 나머지 97% 정도의 검사하지 않은 부분에 대한 품질을 어떻게 보장할 것인가? 이때에는 모집단과 모수에 대하여 층화 추출법이나 비례배분법 등 검증된 표본 추출 방법을 사용한다. 이러한 방법에 의한 검사가 전수검사에 비하면 신뢰도는 떨어지겠지만, 앞선 발주기관 담당자의 질문에 대하여 어느 정도 신뢰성은 보여줄 수 있다고 생각한다. 그래서 근거 없는 포괄적인 문제점 지적이나 개선 방향 제시는 조심해야 한다.

📖 적합인가? 부적합인가?

감리 관련법 이 개정(2011년 7월)된 후로 감리 결과 감리 영역에 대한 평가가 없어졌기 때문에 감리 평가에 대한 논란은 없어졌지만, 개정 이후에도 종료 단계 감리에서 요구 사항 이행 여부에 대한 평가 때문에 여전히 불씨는 남아 있다고 할 수 있다.

시스템개발/객체지향·컴포넌트기반 모델/분석설계/응용시스템   SD22-2

02. 요구사항과 업무분석을 충분히 반영하여 누락된 기능이 없도록 유스케이스 모형을 정제하여 실체화 하였는가?
 - 유스케이스 정의, 역할, 엑터 목록 누락여부
 - 유스케이스 시나리오, 이벤트흐름(기본, 예외) 적정성
 - 변경, 확장, 유지보수의 용이성 확보

목적

현행 업무 분석과 사용자요구사항을 기반으로 업무흐름을 반영하여 유즈케이스 모형이 충분하고 정확하게 도출되었는지 검토하는데 목적이 있다.

[그림 49] 객체지향 개발 감리점검 사항(NIA)

상기와 같은 부분을 검토하고 이를 확인하는 방법으로써 검토 대상 산출물은

- 컴포넌트명세서
- 시스템아키텍처정의서

- 개발 표준
- 컴포넌트 코드
- 구현된 응용 시스템
- 화면정의서
- 보고서정의서

등을 검토하도록 되어 있으며, 세부 검토 방법으로는 아래와 같이 제시되어 있다.

01. 인터페이스 개발 표준을 준수하여 설계대로 구현되었는지 확인한다.
- 컴포넌트 코드를 검토하여 구현된 사용자 인터페이스(화면, 보고서)가 개발 표준을 준수하고 있는지 확인한다.
- 컴포넌트 코드를 검토하여 사용자 인터페이스가 일관성을 유지하고, 업무별 특성을 충분히 고려하여 구현되었는지 확인한다.
- 컴포넌트 코드를 검토하여 사용자 인터페이스 설계 내용이 모두 구현되었는지 확인한다. 또한 감리 팁을 제공하여 사용자 인터페이스 구현 표준 점검 방법에 대한 예시의 경우
(이후 생략)

이 정도면 유사한 경험을 보유한 감리원이라면 발견한 결함에

대한 평가 편차가 극히 적을 것같이 보이지만 사실은 그렇지 못하다. 예를 들어서 개발 표준의 준수에 대하여 감리 지침에서 요구하는 점검 사항 중에 '컴포넌트 코드를 검토하여 구현된 사용자 인터페이스(화면, 보고서)가 개발 표준을 준수하고 있는지 확인한다.'라는 부분이 있는데, 어느 정도의 소스코드를 점검해야 하는지, 어느 정도를 준수해야 하는지 불분명하다. 게다가 개발자가 제시한 개발 표준 자체가 부실하다면 어느 기준에 잣대를 대어야 하는가?

결국 이러한 문제를 해결할 수 있는 방법은 감리 기준을 더욱더 세분화하고 계수화하여서 감리원 간에 편차를 최소화하는 방법밖에는 없다고 생각한다.

나는 이러한 문제를 다소나마 개선하고자 수년 전에 감리평가표(Audit Score Card)라는 것을 만들어서 적용하였다. 감리점검표에 해당되는 점수를 기록하여 총점을 산출하고, 그 총점에 따라서 평가를 하는 방식이다.

일반적으로 각 감리 영역에서 적용하고 있는 3레벨 수준의 감리 점검 항목에 100점 만점의 점수를 부여하는 방식인데, 아래 그림과 같이 점검 기준에 따라 세부 검토 항목을 적용(추가, 변경)하고 중요도는 해당 감리 영역의 단계별로 상(3), 중(2), 하(1) 중 택일하되 해당 감리 시점(설계 등) 순으로 높은 중요도(3)을 배점하도록 하였다. 만일 해당 세부 검토 항목 중 결함이 발견된 부분이 있으면 해당 개선권고사항의 고유번호를 기입하고 ASC에 점수는 4단계로 구분하여 배점토록 하였다.

각각의 ASC 점수를 더해서 총점을 구하고 이를 다시 100점 만점으로 환산하면 해당 감리 영역에 평가가 자동으로 계산되도록 하였다. 여기서 가장 중요한 것은, 첫째, 세부 검토 항목을 객관성을 확보할 수 있을 정도로 세분화하는 것이다.

이 방법은 2011년 이전에 감리 결과 평가(적정, 부적정)에서 활용하던 것이었지만, 지금도 장기사업에 유용하게 사용하고 있다.

영역	점검항목	검토항목	세부검토항목	ASC			
				중요도	지적	ASC	ASC총점
응용시스템	1. 업무 기능 구현의 충분성, 완전성	1. 업무의 흐름에 따라 각 기능이 정확하게 구현되었는가?	- 수작업 업무와 시스템 업무간의 연결성	3	2-1	80	240
			- 시스템활용 업무의 기능성	2		80	160
	2. 사용자 인터페이스가 편의성을 확보할 수 있도록 구현되었는지 여부	2. 사용자 인터페이스가 편리하게 구현되었는가?	- 인터페이스의 일관성	2		80	160
			- 입력처리 및 기능의 편리성	1		80	80
			- 업무 흐름을 반영한 인터페이스의 설계	1		80	80
	3. 내/외부 시스템 인터페이스 구현의 충분성, 완전성	3. 내/외부 시스템 인터페이스가 정확하게 구현되었는가?	- 연계 시스템/기능/데이터의 확인	0		80	-
			- 연계 데이터, 방식, 주기	0		80	-
	4. 접근 권한 및 통제기능을 정확하게 구현하였는지 여부	4. 사용자 접근/통제 및 보안 사항이 구현되었는가?	- 사용자별/그룹별/업무별 접근권한, 감사기능	2		80	160
			- 요구사항 및 보안정책 대비 보안기술 적용	2		80	160
	5. 단위 시험을 실시하였는지 여부	5. 단위시험이 적절하게 수행되었는가?	- 시험결과 관리	1		80	80
	6. 통합 시험 계획을 적정하게 수립하였는지 여부	6. 통합 시험 계획이 수립되었는가?	- 통합시험 유형 및 범위	1	2-3	60	60
			- 시험 환경, 절차, 시나리오, 데이터	2		60	120
				17		총점	1,300
						환산	76

[그림 50] ASC 평가표

몇 차례 현장에 적용해 본 결과, 비교적 과거보다 평가의 객관성이나 형평성 측면에서 개선이 되었다는 긍정적인 평가가 있었는데, 보다 괄목할 만한 것은 개발자와 평가에 대한 논란이 발생되었을 때 이 표를 보여 주고 잘된 부분도 있지만 잘못된 부분도 있다는 설명을 하기에 매우 유용하였다.

또한 1년 이상 장기간에 걸쳐서 진행하는 프로젝트의 경우에는 여러 차례에 나누어서 감리를 수행하게 되는데, 몇 달씩 경과한 후에 감리를 수행하기 때문에 직전에 수행했던 감리에서 어느 부분이 문제였는지 파악하기가 쉬웠다.

상기와 같이 ASC 방식으로 감리 결과에 대한 평가는 "여러 가지 결함을 찾아 주어서 고맙지만 지금까지 발견된 문제점이 전부인가요?"라는 발주기관의 질문에 대한 답변에 근거로 활용하기도 했다.

하지만 모든 감리 현장에 ASC를 활용하기에는 너무 많은 시간과 노력이 들기 때문에 규모가 작은 곳에는 사용하지 못하고, 규모가 크고 1년 이상 소요되는 장기 프로젝트에는 감리의 일관성을 위하여 활용했다.

📖 감리 증적에 대한 보고서 반영

점검 결과 발견된 결함에 대해서 그 증적을 보고서에 담을 때 최대한 원문과 차이가 없도록 선명하게 복사해야 한다. 이와 관련해서 아래와 같이 증적 관리가 부족한 경우가 있다.

- 감리 증적의 출처를 명확히 제시하지 않음. (감리 객관성 저하)
- 감리 증적에 대한 설명이 충분하지 않음. (이해 전달성 저하)
- 낮은 해상도의 감리 증적으로 인해서 감리 증적의 내용이 제대로 전달되지 않음.

[그림 51] 해상도와 구도가 나쁜 증적 사례

📖 나는 늘 통계를 좋아한다

언제나 "지금까지 발견된 문제점이 전부 다 인가요?"라는 질문은 늘 나를 괴롭힌다. 그런 질문에 자신 있게 "예!"라고 답변하는 경우도 있지만, 대부분은 그렇지 못하기 때문이다. 그래서 나는 늘 통계를 중요시한다. 제한된 자원을 가지고 100% 전수검사를 하지 못한 경우에 나가 쓸 수 있는 최선의 방법이기 때문이다.

몇 년 전, 어떤 감리에서 개발자에게 현장 감리를 하기 전에 "지금까지 작성된 산출물 중에 영역별로 가장 잘된 부분만 나에게 주세요. 그중 잘못된 부분이 나오면 전체를 잘못된 것으로 간주하겠습니다."라고 주문하였다.

그렇게 주문을 한 이유는 감리를 한 번만 하기로 정해져 있는데, 구현 단계 말에 감리를 수행하게 되었다. 프로젝트 규모는 소규모였지만 분석 단계부터 구현 단계까지 작성된 산출물은 3명이 5일 동안 점검하기에는 결코 적은 양이 아니었기 때문이었다.

사업관리 및 품질보증활동, 응용 시스템, 데이터베이스, 시스템 구조 및 보안 이렇게 4개의 감리 영역에 대하여 분석, 설계, 구현 단계별로 개발자 나름대로 가장 자신이 있다고 생각되는 산출물을 건네받았다. 물론 사전에 서로 간 규칙을 정했다. 단계적으로 필수산출물은 전부 포함하되 점검해야 할 산출물의 양을 줄인 것이다.

전체적으로는 20% 정도의 산출물에 대하여 받기로 하기로 하였다. 현장 감리 1주일 전에 이러한 사항에 대하여 개발자와 협의를 하였기 때문에 개발자 입장에서도 충분치는 못했지만 정리를 할 수 있는 시간적인 여유는 있었을 것이다.

이윽고 현장 감리가 시작되었다. 즉, 20%의 샘플링 점검이 시작된 것이다. 개발 PM은 자신이 있어 했고, 투입된 감리원 3명은 전략이 필요했다. 각 영역별로 핵심 부분에 대하여 점검을 하되 어차피 프로젝트 말기이기 때문에 범위관리와 구현 단계에 개발된 프로그램의 완성도 위주로 점검하기로 하였다. 언제나 그렇듯이 시스템 개발 프로젝트에서 아무리 강조해도 지나치지 않은 것이 범위관리이기 때문이다.

수백 개의 프로그램에서 자신이 있어 하는 20여 개의 프로그램(전체 대비 약 20%)에 대하여 기능의 완성도 점검과 요구 사항까지 역추적을 하였다. 그 결과, 3개의 프로그램에서 오류가 발견되었고, 원인을 추적한 결과 데이터베이스 부문에 오류 2건, 그리고 코딩 실수가 1건인 것으로 원인이 밝혀졌다. 데이터베이스 부문에서는 전체 30여 개의 테이블 중에서 5개의 테이블에 키 설정 오류가 발견되었다.

결론적으로 응용프로그램의 경우 20개 중 3개의 오류를 발견함으로써 15%의 오류율이 나타났고, 데이터베이스의 경우에는 16.7%의 오류가 발견된 셈이었다.

개발자가 제시한 품질 목표는 프로그램 허용 오류율이 0.5%이었다. 다른 감리 영역은 차지하고 이러한 상태로는 긍정적인 판정을 하기는 어려웠다. 발주기관과 개발기관 담당자에게 감리 결과를 설명하였고 모두 수긍하였다. 그 이후 1달 정도 뒤에 조치 내역 확인에서는 지난번에 발견되었던 오류는 모두 보완이 되었으나, 발주기관의 요청으로 다른 프로그램을 동일한 방법으로 샘플링 채취를 해서 점검을 하였으나, 오류율은 1% 이내였다.

여기서 중요한 것은 샘플링 채취 방법이다. 수많은 프로그램 중 어떠한 프로그램을 샘플로 정할 것인가? 여러 가지 방법이 있지만 나는 주로 입력이나 수정 및 삭제를 하는 프로그램을 위주로 점검한다. 단순하게 조회만 하는 프로그램은 그 중요도나 영향도가 다소 떨어지기 때문이다.

만일 자료를 입력, 수정, 삭제 등 조작을 하는 프로그램의 숫자도 많다면 이때는 업무 처리 절차별로 보았을 때 가장 먼저 시작하는 업무부터 보는 것이 옳다고 생각한다. 예를 들어서 크게는 회계, 인사, 구매, 자재, 설비 관리 등의 업무에 대한 프로그램 기능 점검을 한다고 하였을 때는 구매 요청에서부터 시작해서 회계 처리(대금 지급 등) 순으로 점검을 한다는 뜻이다.

이렇게 통계적 기법을 약간만 이용해도 감리에서 유용하게 효과적으로 활용을 할 수가 있다. 특히 장기간 수행하는 대규모 프로젝트에서 여러 차례 감리를 하는 경우에는 특히 더 필요하다고 할 수 있다. 아래 두 가지 사례를 보면 알 수 있듯이 개발자의 품질관리 경향도 파악할 수 있고, 더 나아가 품질관리 노력을 촉진시킬 수 있는 효과도 있다고 할 수 있다.

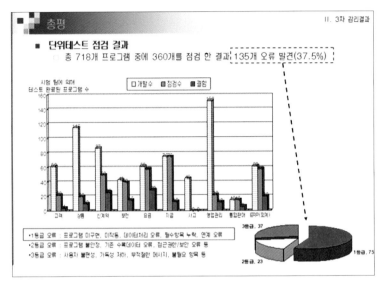

[그림 52] 감리종료보고회에 발표한 감리 통계 1

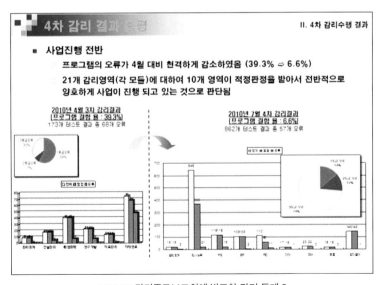

[그림 53] 감리종료보고회에 발표한 감리 통계 2

위 그림의 사례는 두 가지가 모두 2년 정도 장기 프로젝트로서 정기 감리만 5회 이상씩 수행했던 대규모 프로젝트였다. 두 번째 사례([그림 53] 감리종료보고회에 발표한 감리 통계 2)의 경우 프로그램의 오류가 현저하게 감소(39.3% → 6.6%)하였음을 일목요연하게 알 수 있었으며, 개발자의 품질 관리 노력이 눈에 띄게 향상되었음을 알 수 있었다.

위와 같이 프로그램의 기능 점검을 함에 있어서 감리지침에서는 서술 형태의 점검과 확인 위주로 구성되어 있어서 이를 적용하여 점검하기에는 부족함이 없으나, 기능 결함의 종류와 경중에 대하여서는 기술되어 있지 않기 때문에 평가를 하기에는 조금 더 세분화된 기준이 필요하다.

나는 여러 가지 사례를 참조해서 이러한 프로그램에 대한 기능 점검 기준 표를 만들고, 아래와 같이 적용하고 있다. 우선 첫 번째 〈표 38〉 결함코드 총괄표는 일반적인 총괄표로서 적용하는 것인데, 이것만으로도 결함의 내용에 대한 기준이 부족할 때에는 더 세분화된 기준을 적용하기도 한다. 예를 들어서 결함코드 '14'의 경우에는 'key 값에 null/space 등의 값이 저장되는 경우' 등으로 세분화하여 적용하기도 한다. 세분화된 기준은 감리를 거듭할수록 계속 보완되고 있지만 최상위 레벨로는 〈표 38〉 결함코드 총괄표 정도에 만족하고 있다. 이 코드는 프로그램 테스트 후에 집계해서 그 분석 결과를 보고서에 기술한다.

<표 38> 결함코드 총괄표

결함코드	등급	결함 유형명	결함코드	등급	결함 유형명
11	1	프로그램 미 구현	31	3	사용자 불편성
12	1	프로그램 미 작동	32	3	가독성 저하
13	1	프로그램 기능 오류	33	3	부적절한 메시지
14	1	데이터 처리 오류	34	3	불필요 항목
15	1	필수 항목 누락	35	3	단순 오류
16	1	연계오류	36	3	추가 메시지 필요
21	2	프로그램 불안정			
22	2	기존 데이터 오류			
23	2	접근 권한 오류			
24	2	유효값 미검증			
25	2	응답시간 초과			

이러한 통계적 접근의 대상은 프로그램 기능 점검 부문뿐만 아니라 여러 가지 분야에 적용할 수 있다. 사업관리 분야에도 적용할 수 있는데, 예를 들어서 사용자 요구 사항에 대한 충족도의 점검 경우에도 몇 가지 사례를 들어서 시정조치권고를 하는 것도 의미가 있지만 각 업무 영역별로 조사된 요구 사항 반영에 관한 조사를 하여서 그 결과를 집계하고 통계를 추출해서 전체 요구 사항 대비 부족분에 대한 분포율을 제시한다면 보다 설득력 있는

감리 결과를 기대할 수 있다.

그런데 반드시 주의해야 할 일이 있다. 이러한 통계적 접근 방법에 대한 근거이다. 통계적 점검 방법 중에 표본조사 방법을 위한다면 반드시 고객과 합의 과정이 필요하다. 왜냐하면 표본조사의 구조적인 한계가 전수조사보다는 아무래도 신뢰도가 떨어질 수밖에 없기 때문이며, 이러한 문제로 인하여 자칫 감리의 범위를 축소했다는 오해를 받을 수도 있기 때문이다.

공공 정보화 사업이 대부분 그렇듯이 사업이 종료되고 나면 간혹 감사를 받게 된다. 이때 대부분의 감사관들은 가장 먼저 감리 보고서를 참조한다. 그때 감리 범위에 대하여 충분성에 대한 문제가 생길 수 있는 것이다. DB 구축 사업과 같이 감리 제안 요청 당시부터 표본조사에 대한 범위가 정해져 있으면 문제가 없겠지만, 감리원이 임의적인 판단에 의하여 표본조사를 하는 경우에는 전후 사정이 어떻게 되었든 감사의 관점에서 보면 과업 범위의 임의 축소라고까지 할 수가 있는 것이다.

따라서 프로그램을 점검함에 있어서 표본조사가 필요한 경우 발주기관과 개발기관과 협의를 통해서 정하는 것이 바람직하고, 회의 결과에 대한 것들을 문서로 남겨 놓아야 한다.

간혹 테스트 자체를 감리가 하는 것은 이치에 맞지 않다고 말하는 사람들이 있다. 물론, 맞는 말이다. 테스트는 개발자가 하는 것이고, 감리는 테스트 과정과 결과에 대한 점검을 하는 것이다. 하지만 실제적으로 테스트 과정과 결과의 적정성과 충분성을 확인하기 위해서는 제3자의 검증이 필요하며, 이러한 과정에서 감리에서도 동일하거나 유사한 방법으로 프로그램에 대한 점검(수작업 혹은 자동화 S/W의 적용 등)을 해야 하는 것이다.

📖 개조식 문장의 구성

감리보고서에서 흔하게 나타나는 불완전한 문장들이 아래와 같이 있다.

- 오탈자, 띄어쓰기 오류, 주어 및 목적어 생략, 문법 오류가 발생함.
- 주로 피동형 표현을 많이 사용하고, 능동형 표현은 사용하지 않음. (또는 능동형 표현과 피동형 표현이 함께 사용됨)
- 목적어, 주어 등을 생략함으로써 명확한 의미 전달이 되지 않음.
- 금기어 또는 주관적인 어휘를 사용하고 있음. (아주, 도저히, 절대, ……)
- 정확한 용어를 사용하지 않고 있고, 다른 용어를 함께 사용하여 독자의 혼동을 발생시킴. (예: "요구사항정의서"와 "요구사항명세서"를 함께 사용)
- 개선권고사항 제목(꼭지명)이 문제점과 개선 방향을 대변하도록 제시되고 있지 않음. (구체성의 부족)

게다가 한 문장을 3줄 이상 장문으로 작성하는 경우에는 즉각적인 이해가 곤란한 경우가 많다. 이를 개조식 짧은 문장으로 기술하는 것이 좋다. 개조식 문장이란 간단하고 핵심적인 내용을 명확하게 전달하기 위해 문장을 최대한 간략화한 표현 방식이다.

주요 특징은,

- 불필요한 조사나 어미를 생략
- 문장을 짧고 명확하게 끊어서 표현
- 보통 글머리 기호나 번호를 사용해 구분
- 일반 문장: "오늘 아침에 일찍 일어나서 운동을 하고 난 후에 샤워를 했다."
- 개조식 문장: "아침 일찍 기상, 운동 실시, 샤워 완료"

개조식 문장은 주로 업무 보고서, 회의록, 계획서 등 공식적인 문서에서 많이 사용된다. 내용을 빠르게 파악해야 하는 경우에 특히 유용하다.

11. 좋은 보고서, 나쁜 보고서

12.

정보시스템 감리는
서비스업이다

정보시스템 감리업의 개념

정보시스템 감리업이란 발주자와 개발 사업자 등의 이해관계자를 위해 정보시스템의 구축 및 운영 등에 대한 사업 전반을 점검하고 문제점을 개선하도록 하는 전문적인 서비스 활동이다.

그 주요 특성은 독립성과 전문성, 품질보증활동, 전자정부법 및 관련 법령에 근거한 법적 활동, 정보시스템 감리 기준 준수를 하는 것이다. 이러한 활동으로 프로젝트 리스크 감소, 시스템 품질 향상, 사업 성공률 제고, 이해관계자 간 의사소통 촉진, 투자 효율성 증대를 기대할 수 있다.

정보시스템 감리업은 단순한 점검이나 검사 활동을 넘어서, 정보화 사업의 성공적 수행을 위한 전문적이고 체계적인 지원 서비스로서 그 중요성이 계속 증가하고 있다.

정보시스템 감리는 무형의 기술을 제공하는 서비스업이다. 이 업무를 원활하게 수행하기 위해서 2가지 능력과 소양이 필요하다.

의사소통 능력

- 발주자, 사업자와의 원활한 커뮤니케이션 스킬

- 감리 결과를 명확하게 전달하는 보고서 작성 능력

- 다양한 이해관계자들과의 조정 능력

- 효과적인 인터뷰와 청취 능력

📖 직업윤리와 책임감

- 높은 수준의 직업윤리 의식
- 공정성과 독립성 유지
- 기밀 유지에 대한 철저한 인식
- 감리 결과에 대한 책임감

나는 감리를 하면서 가끔은 개발자에게 산출물 다이어트를 권고한다. 산출물 다이어트는 단순히 문서를 줄이는 것이 아니라, 효율적인 개발 프로세스를 구축하고 실질적인 가치를 창출하는 것에 중점을 두어야 한다. 이를 통해 개발 생산성 향상과 품질 확보를 동시에 달성할 수 있다.

때로는 사업의 규모나 성격에 맞지 않게 개발방법론을 설정하고 이를 따르느라 불필요한 산출물을 작성하는 경우를 보는 경우가 있다. 이러한 현상은 주로 중소 SI 업체에서 많이 발생하는데 개발 과정에 산출물은 서로가 연관성이 밀접해서 서로가 진행과 추적에 도움이 되는 것이어야 하는데, 중복되거나 서로가 필요 없는 산출물도 있다는 것이다. 관리 산출물로는 과업대비표와 요구사항추적표가 그것이고, 객체지향 방법론에서 다루는 컴포넌트 식별이 그것이다. 객체지향 방법론으로 개발한다고 해서 모두가 컴포넌트 식별을 목표로 하는 것은 아니기 때문이다.

나는 이러한 사업에 요구정의 단계 감리에서부터 산출물 정합성

초급자를 위한 정보시스템 감리 실무 개정판

을 파악해서 개발자에게 꼭 필요한 산출물만 작성하도록 권고를 한다. 자칫 불필요한 산출물을 작성하다 보면 시간 낭비는 물론이고, 감리 점검에 지적 사항만 늘어날 뿐이기 때문이다,

맺는말

20여 년간 정보시스템 감리와 컨설팅을 하면서 특별하게 감리라는 업무에 대해서 많은 생각을 한다.

돌이켜 보면 감리 업무를 수행하면서 보람을 느낄 때도 있지만, 시스템이 정상적으로 가동되지 않을 때는 안타깝기도 하다.

우리나라의 정보시스템 감리 제도는 2000년 초 민간 감리 회사에 처음 도입된 이래로 20여 년간 진화하며 발전해 왔다. 그동안 정보화 사업의 품질 향상과 공공 정보화 사업의 성공적 수행에 있어 감리 제도가 기여한 바는 실로 크다. 하지만 이제 우리는 새로운 도전에 직면해 있다.

클라우드 컴퓨팅, 인공지능, 빅데이터 등 급변하는 IT 기술의 발전은 정보시스템 감리 분야에도 새로운 도전 과제를 제시하고 있다. 애자일(Agile) 방법론의 확산, 데브옵스(DevOps) 문화의 정착 그리고 디지털 전환(Digital Transformation)이라는 큰 흐름 속에서 감리 방법론 역시 혁신적인 변화가 필요한 시점이다.

사실 감리가 개발자에게는 큰 부담이기도 하겠지만, 정보시스템 감리가 단순한 통제와 점검의 수단이 아닌, IT 프로젝트의 성공적인 수행을 위한 조력자이자 동반자로서의 역할을 수행할 수 있기를 기대한다.

사실 공공은 신기술 선순환의 고리 역할을 한다. 기업은 업무 발전을 위해서 IT 신기술을 선뜻 도입하기에 어려움이 있는 데 비해서 우리나라 공공 분야는 도전적으로 IT 신기술을 도입하는 경향이 있고, 기업은 이것을 스스로의 실력을 쌓을 수 있는 기회로 삼는 것이다.

이러한 과정에서 품질 관리는 필수적인 활동이며, 우리나라의 정보시스템 감리 제도가 세계적인 수준으로 발전하는 데 이 책이 작은 디딤돌이 되길 바랄 뿐이다.

감리 점검에 유용한 엑셀 사용

산출물을 점검할 때 유용한 엑셀 함수

■ COUNTIF/SUMIF
- 위험도별 이슈 개수 집계
- 단계별 개선 사항 수 확인
- 담당자별 할당된 태스크 수 계산

■ VLOOKUP/INDEX & MATCH
- 요구 사항 추적매트릭스 검증
- 산출물 현황 조회
- 테스트 결과 매핑

■ 문자열 함수들
- 이슈 ID 자동 생성
- 코드 체계 검증
- 명명 규칙 준수 여부 확인

■ 날짜 관련 함수
- 일정 준수율 계산

- 지연 일수 산출
- 마일스톤 달성률 확인

■ 데이터베이스 함수
- 단계별 진척률 분석
- 품질 지표 집계

감리에서 자주 사용하는 엑셀 함수

#1. COUNTIF - 조건에 맞는 데이터 개수 세기
=COUNTIF(범위, "조건")

예시: =COUNTIF(A2:A100, "High") # High 위험도를 가진 항목 수 계산

#2. SUMIF - 조건에 맞는 데이터의 합계
=SUMIF(조건 범위, "조건", 합계 범위)

예시: =SUMIF(B2:B100, "개발", C2:C100) # 개발 항목의 비용 합계

#3. VLOOKUP - 데이터 검색 및 매칭
=VLOOKUP(찾을 값, 테이블 범위, 열 번호, FALSE)

예시: =VLOOKUP(A2, Sheet2!A2:D100, 4, FALSE) # 요구 사항 ID로 상태 조회

#4. INDEX & MATCH - 고급 데이터 검색
=INDEX(반환 범위, MATCH(찾을 값, 검색 범위, 0))

예시: =INDEX(C2:C100, MATCH(A2, B2:B100, 0)) # 유연한 데이터 검색

#5. CONCATENATE/& - 문자열 결합

=CONCATENATE(텍스트 1, 텍스트 2) 또는 =A1&" "&B1

예시: =A2&"-"&B2 # 이슈 ID-상태 형식으로 결합

#6. LEFT/RIGHT/MID - 문자열 추출

=LEFT(텍스트, 글자 수)

=RIGHT(텍스트, 글자 수)

=MID(텍스트, 시작 위치, 글자 수)

예시: =LEFT(A2, 4) # 프로젝트 코드 추출

#7. NETWORKDAYS - 작업 일수 계산

=NETWORKDAYS(시작일, 종료일, [휴일])

예시: =NETWORKDAYS(A2, B2, 휴일 목록) # 실제 작업일수 계산

#8. IFERROR - 오류 처리

=IFERROR(수식, 오류시반환값)

예시: =IFERROR(VLOOKUP(A2,Sheet2!A2:D100,4,FALSE), "미등록")

#9. SUBTOTAL - 필터링된 데이터 집계

=SUBTOTAL(함수번호, 범위)

예시: =SUBTOTAL(9, C2:C100) # 필터링된 데이터의 합계

#10. DSUM/DCOUNT - 데이터베이스 함수

=DSUM(데이터베이스, 필드, 조건 범위)

예시: =DSUM(A1:D100, "비용", G1:H2) # 조건에 따른 비용 합계